Contents

How to Use This Book

When learning a language, we often have problems remembering the words; it does not mean we have totally forgotten them. It just means that we can't recall them at that particular moment. This book is designed to help learners recall the verbs and their conjugations instantly.

Research

Research has shown that one of the most effective ways to remember something is by association. The way the verb (keyword) has been hidden in each illustration to act as a retrieval cue stimulates long-term memory. This method is seven times more effective than passively reading and responding to a list of verbs.

New Approach

Most grammar and verb books relegate the vital task of learning verbs to a black-and-white world of bewildering tables, leaving the student bored and frustrated. *101 Spanish Verbs* is committed to clarifying the importance of this process through stimulating the senses, not by dulling them.

Dynamic Illustrations and Videos

The illustrations and videos introduce the quirky world of the Verbots in an approach that goes beyond conventional verb books. To make the most of this book, spend time with each picture and video to become familiar with everything that is happening. These images present mini storylines and episodes. Some are more challenging than others, adding to the fun but, more important, aiding the memory process.

Keywords

We have called the infinitive the "keyword" to refer to its central importance in remembering the multiple ways it can be used. Once you have located the keyword and made the connection with the illustration, you are ready to start to learn the colo(u)red tenses.

101

Spanish Verbs

with

101 Videos for Your iPod

Rory Ryder

Illustrated by Andy Garnica

New York Chicago San Francisco Lisbon London Madrid Mexico City
Milan New Delhi San Juan Seoul Singapore Sydney Toronto

1 2 3 4 5 6 7 8 9 10 11 12 13 14 15 16 17 18 19 20 21 22 23 24   CTPS/CTPS   0 9

ISBN 978-0-07-161571-6 (book and disk set)
MHID   0-07-161571-7

ISBN 978-0-07-161572-3 (book alone)
MHID   0-07-161572-5

Library of Congress Control Number: 2008935420

Illustrated by Andy Garnica

McGraw-Hill books are available at special quantity discounts to use as premiums and sales promotions or for use in corporate training programs. To contact a representative, please e-mail us at bulksales@mcgraw-hill.com.

Also in this series:
101 English Verbs with 101 Videos for Your iPod
101 French Verbs with 101 Videos for Your iPod
101 Japanese Verbs with 101 Videos for Your iPod
101 English Verbs: The Art of Conjugation
101 French Verbs: The Art of Conjugation
101 German Verbs: The Art of Conjugation
101 Italian Verbs: The Art of Conjugation
101 Spanish Verbs: The Art of Conjugation

Also available:
Verbots Illustrated Verbs interactive Whiteboard materials from Promethean

Colo(u)r-Coded Verb Tables

The verb tables are designed to save learners valuable time by focusing their attention and allowing them to make immediate connections between the subject and the verb. Making this association clear and simple from the beginning gives them more confidence to start speaking the language. This book selects the six most commonly used and useful tenses for beginning learners.

Example Sentences

Each of the 101 conjugation pages contains two sentences in Spanish, accompanied by their English equivalents. (One of the sentences is also spoken in the corresponding video.) These sentences, loosely inspired by the illustration on the page, show the art of conjugation in practice. The key verb form is colo(u)r coded to help you match it up to the tables and understand the correct selection of tense and subject on the grid.

Verb Indexes

The 101 verb conjugations in this book are ordered alphabetically by Spanish infinitive. The Spanish Verb Index contains these featured 101 verbs (which appear in blue) as well as an additional 150 common Spanish verbs; these are cross-referenced to verbs that follow the same pattern. The Spanish Verb Index allows you to locate a Spanish verb conjugation by its English meaning.

Independent Learning

101 Spanish Verbs can be used for self-study or it can be used as a supplement as part of a teacher-led course. The accompanying videos provide pronunciation (spoken by a native speaker) of the present tense conjugation. Pronunciation of the other conjugations is available online at **www.learnverbs.com**.

Master the Verbs

Once you are confident with each tense, congratulate yourself because you have learned more than 3,600 verb forms—an achievement that can take years to master!

Verb Conjugation in Spanish

Conjugation requires the ability to select the correct verb form. Using this book, this skill is as simple as locating a square on a grid. Simply follow these steps:

- select the appropriate verb (use the Indexes at the back of the book to find the page of the correct model)
- select the correct person (see *Personal pronouns* on the following page to help you choose the correct row)
- select the correct tense (see the explanations on pages viii–xvi to guide you in choosing the correct column)

Select the correct tense

↓

Select the correct person →

Sub.	Presente	Imperfecto	Pretérito	Futuro	Cond.	Perfecto
Yo	bailo	bailaba	bailé	bailaré	bailaría	he bailado
Tú	bailas	bailabas	bailaste	bailarás	bailarías	has bailado
Él Ella Ud.	baila	bailaba	bailó	bailará	bailaría	ha bailado
Nos.	bailamos	bailábamos	bailamos	bailaremos	bailaríamos	hemos bailado
Vos.	bailáis	bailabais	bailasteis	bailaréis	bailaríais	habéis bailado
Ellos Ellas Uds.	bailan	bailaban	bailaron	bailarán	bailarían	han bailado

. . . to locate the correct verb form!

The Person of the Verb

To select the correct person, you must know the subject of the verb: who is doing the action. In each conjugation panel, there are six rows. Each row corresponds to a *Person*, represented in the first column by the following personal pronouns.

Personal Pronouns

Yo	*I* (the speaker)
Tú	*you* (informal singular: used when talking to a friend, a child, a pet)
Él **Ella** **Ud.**	*he, it* (male person, masculine noun) *she, it* (female person, feminine noun) *you* (full form **usted**, usually written as the abbreviation **Ud.**; formal, singular: speaking to someone older, teacher, boss)
Nos.	= **nosotros** (masc. or mixed group), **nosotras** (fem.) *we*
Vos.	= **vosotros** (masc. or mixed group), **vosotras** (fem.) *you* (plural, informal: used primarily in Spain)
Ellos **Ellas** **Uds.**	*they* (plural, all male people, masculine nouns, or mixed gender) *they* (plural, all female people or feminine nouns) *you* (full form **ustedes**, usually written as the abbreviation **Uds.**; formal plural, and for addressing friends, children, and family outside of Spain)

Note the following:

- Pronouns can be grouped by person:

   first person: *yo, nosotros, nosotras* (includes the speaker or writer)
   second person: *tú, vosotros, vosotras* (the person or persons being addressed)
   third person: *él, ella, ellos, ellas* (the person or persons talked about).
      The third person is also used for nouns or names of people or animals that are subjects of the sentence.
   Ud. and *Uds.* also take the third person form, though the English equivalent *you* is second person.

- Pronouns can also be grouped by number:

   singular: *yo, tú, él, ella, Ud.* (one single person, animal, or object)
   plural: *nosotros(-as), vosotros(-as), ellos, ellas, Uds.* (more than one person, animal, or object)

- Subject pronouns are often omitted in Spanish because the verb form indicates who the subject is.

Verb Tenses

As well as knowing the appropriate verb name in Spanish (the keyword or infinitive) and the correct person, you also need to select the correct tense. Tenses relate to *time*: when the action or state takes place. And while there are three basic time states (past, present, future), there are at least fourteen different tenses in Spanish! But don't worry—many are not frequently used, and this book has selected only the six most common tenses that you will need.

All six tenses are colo(u)r-coded, to help you recognize and learn them. The following pages explain each tense and when it is used. They also indicate how each tense is formed. Although the conjugation charts in this book will help you to look up the correct verb form, your knowledge of Spanish will grow as you begin to recognize patterns—particularly with the conjugations of regular Spanish verbs—and, in time, to learn them.

In Spanish, there are three main groups of verbs:

- **-ar** verbs
- **-er** verbs
- **-ir** verbs

Regular verbs within these groups follow predictable patterns. These patterns are shown for each tense on the following pages.

Presente (*Present*)

Equivalent English tense(s): Present, simple present

The present tense of regular verbs is formed by adding the present endings to the verb stem (the infinitive less -ar, -er, -ir).

Presente		-ar: Hablar	-er: Beber	-ir: Decidir
	Yo	Habl o	Beb o	Decid o
	Tú	Habl as	Beb es	Decid es
	Ella	Habl a	Beb e	Decid e
	Nos.	Habl amos	Beb emos	Decid imos
	Vos.	Habl áis	Beb éis	Decid ís
	Ellas	Habl an	Beb en	Decid en

Note that the stems of some verbs are affected by spelling changes (such as dirigir); other "radical-changing" verbs have vowel changes in the stems (such as pedir), while other verbs (such as ser) are irregular.

The present tense is used in Spanish in the following situations:

- for present states.

> **Soy un excelente actor teatral.**   I am an excellent stage actor.
>
> **Verbita duerme en una cama grande.**   Verbita sleeps in a big bed.

- for actions about to happen in the near future.

> **¡Y ahora te muestro mi invento!**   And now I'll show you my invention!

- for actions that have already begun and are still going on (especially with *desde hace* or *hace*).

> **Verbito estudia desde hace un mes.**   Verbito has been studying for a month.

- for questions or negatives that use "do" in English.

> **¿Qué ves, Verbita?**   What do you see, Verbita?
>
> **No recuerdo qué pasó.**   I don't remember what happened.

- in questions to express polite requests (instead of the imperative).

> **Verbito, ¿enciendes el fuego?**   Verbito, will you light a fire?

Imperfecto (*Imperfect*)

Equivalent English tenses: Imperfect, past progressive

The imperfect is formed by adding the imperfect endings to the verb stem (the infinitive less **-ar**, **-er**, **-ir**). There are only three exceptions to this rule: **ser**, **ir**, and **ver**.

Imperfecto		-ar: Hablar	-er: Beber	-ir: Decidir
	Yo	Habl **aba**	Beb **ía**	Decid **ía**
	Tú	Habl **abas**	Beb **ías**	Decid **ías**
	Ella	Habl **aba**	Beb **ía**	Decid **ía**
	Nos.	Habl **ábamos**	Beb **íamos**	Decid **íamos**
	Vos.	Habl **abais**	Beb **íais**	Decid **íais**
	Ellas	Habl **aban**	Beb **ían**	Decid **ían**

The imperfect tense is used in Spanish in the following situations:

- for describing actions that were going on in the past.

  Cyberdog, tu me traías huesos la otra semana. — **Cyberdog, you were bringing back bones to me last week.**

- for describing actions or states that were ongoing when something else happened.

  Verbito estaba en la puerta cuando Verbita le cerró la puerta en sus narices. — **Verbito was standing at the door when Verbita closed the door in his face.**

- for a habitual, characteristic, or repeated action in the past (with *used to* or *would*).

  Hace años, bailaba toda la noche. — **Years ago, I used to dance all night.**

- for describing background conditions like time and weather.

  Llovía. — **It was raining.**

Pretérito (*Preterit*)

Equivalent English tense also known as: Simple past

The preterit is formed by adding the preterit endings to the verb stem (the infinitive less -ar, -er, -ir).

		-ar: Hablar	-er: Beber	-ir: Decidir
Pretérito	**Yo**	Habl é	Beb í	Decid í
	Tú	Habl aste	Beb iste	Decid iste
	Ella	Habl ó	Beb ió	Decid ió
	Nos.	Habl amos	Beb imos	Decid imos
	Vos.	Habl asteis	Beb isteis	Decid isteis
	Ellas	Habl aron	Beb ieron	Decid ieron

Note that the stems of some verbs are affected by spelling changes (such as dirigir); other "radical-changing" verbs have vowel changes in the stems (such as pedir), while other verbs (such as ser) are irregular.

The preterit tense is used in Spanish in the following situations:

* for actions that happened in the past.

  ¡Verbito! ¡Caíste! ¿Estás bien?   Verbito! You fell! Are you OK?

* for completed actions that had a specified duration.

  Verbita gritó por un minuto entero.   Verbita screamed for one whole minute.

* for describing actions in a sequence of events.

  Mentí y después me sentí terrible.   I lied, and then I felt terrible afterward.

* for describing an action that occurred while another action (in the imperfect) was taking place.

  Verbito estaba en la puerta cuando Verbita le cerró la puerta en sus narices.   Verbito was standing at the door when Verbita closed the door in his face.

Futuro (*Future*)

English equivalent also known as: Simple future
The future is formed by adding the future endings to the infinitive.

Futuro		**-ar**: Hablar	**-er**: Beber	**-ir**: Decidir
	Yo	Hablar é	Beber é	Decidir é
	Tú	Hablar ás	Beber ás	Decidir ás
	Ella	Hablar á	Beber á	Decidir á
	Nos.	Hablar emos	Beber emos	Decidir emos
	Vos.	Hablar éis	Beber éis	Decidir éis
	Ellas	Hablar án	Beber án	Decidir án

Note: A few verbs have a special stem, including **hacer** (*har-*), **poder** (*podr-*), **poner** (*pondr-*), and **tener** (*tendr-*).

The future is used in Spanish in the following situations:

- for describing actions that will happen at some future time, especially for promises and forecasts.

  Mañana escribiré un correo   Tomorrow I will write an e-mail.
  electrónico.

- for describing conditional situations when a future action is referred to.

  ¡Sigue intentando, Cyberdog, y un   Keep trying, Cyberdog, and one
  día empezarás a ganar!   day you will start winning!

- for expressing the suppositional future. In questions, this use of the future expresses wonder.

  ¿Será difícil hacerle feliz a   I wonder if it will be hard to make
  Verbita?   Verbita happy.

Note: there are other ways to convey future meaning, in addition to the future tense.

- The present tense is used for the near future.

  ¡Y ahora te muestro mi invento!   And now I'll show you my
                                         invention!

- The verb **ir a** + infinitive (*to be going to*) is used to express intention to do something in the future.

  ¡Te voy a llevar al futuro!   I'm going to take you to the future!

Condicional (*Conditional*)

English equivalent: Conditional, future conditional
The conditional is formed by adding the conditional endings to the infinitive.

Condicional		-ar: Hablar	-er: Beber	-ir: Decidir
	Yo	Hablar ía	Beber ía	Decidir ía
	Tú	Hablar ías	Beber ías	Decidir ías
	Ella	Hablar ía	Beber ía	Decidir ía
	Nos.	Hablar íamos	Beber íamos	Decidir íamos
	Vos.	Hablar íais	Beber íais	Decidir íais
	Ellas	Hablar ían	Beber ían	Decidir ían

Note: As with the future, a few verbs have a special conditional stem, including hacer (*har-*), poder (*podr-*), poner (*pondr-*), and tener (*tendr-*).

The conditional is used in Spanish in the following situations:

- for describing what might happen under certain conditions.

  Nos sentaríamos pero sólo hay una silla.   We would sit down but there's only one chair.

- for describing a future action from a past point of view, usually following *que* or *si*.

  Ya sabían que vendría la policía.   They knew that the police would come.

- for describing a possibility or eventuality.

  ¿Gritarías tú en la misma situación?   Would you scream in the same situation?

- for softening a demand or wish.

  ¿Te gustaría otra galleta, verdad?   You would like another biscuit, wouldn't you?

Perfecto (*Perfect*)

English equivalent: Perfect
The present perfect is formed by adding the present tense of the auxiliary verb
haber and the past participle.

		-ar: Hablar		-er: Beber		-ir: Decidir
Perfecto	**Yo**	He habl ado	He beb ido	He decid ido
	Tú	Has habl ado	Has beb ido	Has decid ido
	Ella	Ha habl ado	Ha beb ido	Ha decid ido
	Nos.	Hemos habl ado	Hemos beb ido	Hemos decid ido
	Vos.	Habéis habl ado	Habéis beb ido	Habéis decid ido
	Ellas	Han habl ado	Han beb ido	Han decid ido

The past participle is formed for most verbs by removing the infinitive ending
and adding -*ado* (for -**ar** verbs) and -*ido* (for -**er** and -**ir** verbs). A few verbs have
irregular forms, such as **escribir, ver, hacer,** and **poner.**
The perfect tense is used in Spanish in the following situations:

- for actions that have recently been completed.

  ¿A cuántos Beebots has contado   How many Beebots have you
  hasta ahora?   counted so far?

- for past actions that are still current or relevant in the present.

  He ganado el premio del "Robot   I have won the "Robot of the Year"
  del Año" dos veces seguidas.   award twice in a row.

Imperativo (*Command*)

English equivalent: Command (imperative)

Command forms for **tú** are shown in red type below the English verb meaning on each conjugation page: the affirmative (*do!*) and the negative (*don't!*) form.

The **tú** command form is used to give a command to a single friend, family member, child, or pet.

The imperative is used in Spanish for telling someone to do something or not to do something:

¡Calla, Cyberdog!   **Be quiet, Cyberdog!**
¡Y no te muevas!   **And don't move!**

Participio presente (*Present participle*)

English equivalent: Present participle

The present participle is shown in olive type below the Spanish infinitive on each conjugation page.

The present participle is formed by adding the appropriate ending to the verb stem: **-ando** for **-ar** verbs and **-iendo** for **-er** verbs and **-ir** verbs.

The present participle is used in Spanish for actions going on at the present time. In English, the present continuous/progressive is often used (*to be _____ing*):

Verbito, ¿qué estás cantando?   **Verbito, what song are you singing?**

Reflexive Verbs

Some Spanish verbs refer back to the subject, like the English verb *to wash oneself* (*I wash myself, you wash yourself*, etc.). These verbs include the reflexive pronoun (equivalent to *-self* in English).

Reflexive Pronouns

-se	*-self* (the infinitive)
me	*myself* (the speaker)
te	*yourself* (informal, singular: when talking to a friend, a relative, a child, a pet)
se	*himself, herself, itself; yourself* (formal singular)
nos	*ourselves*
os	*yourselves* (informal, plural, used primarily in Spain)
se	*themselves, yourselves*

Check out the following verbs in this book to see the conjugation of reflexive verbs:

#16 **casarse** (to get married)   #88 **sentarse** (to sit down)
#35 **ducharse** (to shower)   #97 **vestirse** (to get dressed)
#70 **peinarse** (to comb one's hair)

Some Spanish verbs can be both reflexive and nonreflexive. For example, **llamar** (*to call*) can also be reflexive (**llamarse**), meaning *to call oneself, to be named.*

Me llamo Verbito.   **My name is Verbito.**

Verbita llama a Cyberdog.   **Verbita calls Cyberdog.**

to open   abrir

(tú) ¡abre! / ¡no abras!   *abriendo*

Sub.	Presente	Imperfecto	Pretérito	Futuro	Cond.	Perfecto
Yo	abro	abría	abrí	abriré	abriría	he abierto
Tú	abres	abrías	abriste	abrirás	abrirías	has abierto
Él Ella Ud.	abre	abría	abrió	abrirá	abriría	ha abierto
Nos.	abrimos	abríamos	abrimos	abriremos	abriríamos	hemos abierto
Vos.	abrís	abríais	abristeis	abriréis	abriríais	habéis abierto
Ellos Ellas Uds.	abren	abrían	abrieron	abrirán	abrirían	han abierto

Verbito **abre** su bebida con un movimiento de sus dedos.

Verbito opens his drink with a flick of his finger.

Tú lo **abriste** y soltaste las burbujas.

You opened it and released the bubbles.

1

acabar
to finish

Sub.	Presente	Imperfecto	Pretérito	Futuro	Cond.	Perfecto
Yo	acabo	acababa	acabé	acabaré	acabaría	he acabado
Tú	acabas	acababas	acabaste	acabarás	acabarías	has acabado
Él Ella Ud.	acaba	acababa	acabó	acabará	acabaría	ha acabado
Nos.	acabamos	acabábamos	acabamos	acabaremos	acabaríamos	hemos acabado
Vos.	acabáis	acababais	acabasteis	acabaréis	acabaríais	habéis acabado
Ellos Ellas Uds.	acaban	acababan	acabaron	acabarán	acabarían	han acabado

Acabo todas mis carreras en primer lugar.

I finish all my races in first place.

Ellos **han acabado** en tiempo récord.

They have finished in record time.

2

to love   amar

(tú) ¡ama! / ¡no ames!

amando

andyGARNICA

Sub.	Presente	Imperfecto	Pretérito	Futuro	Cond.	Perfecto
Yo	amo	amaba	amé	amaré	amaría	he amado
Tú	amas	amabas	amaste	amarás	amarías	has amado
Él Ella Ud.	ama	amaba	amó	amará	amaría	ha amado
Nos.	amamos	amábamos	amamos	amaremos	amaríamos	hemos amado
Vos.	amáis	amabais	amasteis	amaréis	amaríais	habéis amado
Ellos Ellas Uds.	aman	amaban	amaron	amarán	amarían	han amado

Ellos aman cada momento que pasan juntos.

They love every moment they spend together.

Nos amaremos siempre.

We will love each other forever.

3

andar

andando

to walk

(tú) ¡anda! / ¡no andes!

Sub.	Presente	Imperfecto	Pretérito	Futuro	Cond.	Perfecto
Yo	ando	andaba	anduve	andaré	andaría	he andado
Tú	andas	andabas	anduviste	andarás	andarías	has andado
Él Ella Ud.	anda	andaba	anduvo	andará	andaría	ha andado
Nos.	andamos	andábamos	anduvimos	andaremos	andaríamos	hemos andado
Vos.	andáis	andabais	anduvisteis	andaréis	andaríais	habéis andado
Ellos Ellas Uds.	andan	andaban	anduvieron	andarán	andarían	han andado

Ando una milla después de cenar.

I walk for a mile after eating dinner.

Andaría gracioso si su batería estuviese baja.

He would walk funny if his battery were low.

4

to learn   aprender

Sub.	Presente	Imperfecto	Pretérito	Futuro	Cond.	Perfecto
Yo	aprendo	aprendía	aprendí	aprenderé	aprendería	he aprendido
Tú	aprendes	aprendías	aprendiste	aprenderás	aprenderías	has aprendido
Él Ella Ud.	aprende	aprendía	aprendió	aprenderá	aprendería	ha aprendido
Nos.	aprendemos	aprendíamos	aprendimos	aprenderemos	aprenderíamos	hemos aprendido
Vos.	aprendéis	aprendíais	aprendisteis	aprenderéis	aprenderíais	habéis aprendido
Ellos Ellas Uds.	aprenden	aprendían	aprendieron	aprenderán	aprenderían	han aprendido

Los Beebots aprenden cosas nuevas cada día.

Beebots learn something new each day.

Ayer aprendí a hacer miel.

Yesterday I learned how to make honey.

arrestar
arrestando

to arrest

(tú) ¡arresta! / ¡no arrestes!

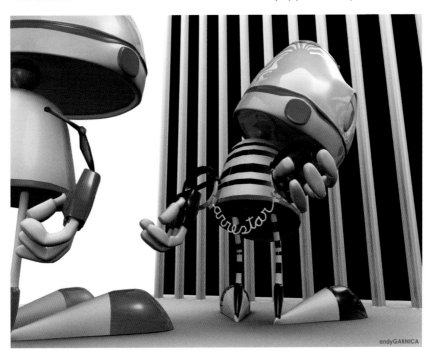

Sub.	Presente	Imperfecto	Pretérito	Futuro	Cond.	Perfecto
Yo	arresto	arrestaba	arresté	arrestaré	arrestaría	he arrestado
Tú	arrestas	arrestabas	arrestaste	arrestarás	arrestarías	has arrestado
Él Ella Ud.	arresta	arrestaba	arrestó	arrestará	arrestaría	ha arrestado
Nos.	arrestamos	arrestábamos	arrestamos	arrestaremos	arrestaríamos	hemos arrestado
Vos.	arrestáis	arrestabais	arrestasteis	arrestaréis	arrestaríais	habéis arrestado
Ellos Ellas Uds.	arrestan	arrestaban	arrestaron	arrestarán	arrestarían	han arrestado

¡Yo **arresto** criminales como tú!

I arrest criminals like you!

Ellos **arrestarán** a todos los sospechosos esta noche.

They will arrest all the suspects by tonight.

6

to dance

(tú) ¡baila! / ¡no bailes!

bailar

bailando

Sub.	Presente	Imperfecto	Pretérito	Futuro	Cond.	Perfecto
Yo	bailo	bailaba	bailé	bailaré	bailaría	he bailado
Tú	bailas	bailabas	bailaste	bailarás	bailarías	has bailado
Él Ella Ud.	baila	bailaba	bailó	bailará	bailaría	ha bailado
Nos.	bailamos	bailábamos	bailamos	bailaremos	bailaríamos	hemos bailado
Vos.	bailáis	bailabais	bailasteis	bailaréis	bailaríais	habéis bailado
Ellos Ellas Uds.	bailan	bailaban	bailaron	bailarán	bailarían	han bailado

Bailamos para mantenernos en forma.

We dance to keep fit.

Yo bailaba en la fiesta toda la noche.

I was dancing at the party all night.

7

bajar
bajando

to go down
(tú) ¡baja! / ¡no bajes!

andyGARNICA

Sub.	Presente	Imperfecto	Pretérito	Futuro	Cond.	Perfecto
Yo	bajo	bajaba	bajé	bajaré	bajaría	he bajado
Tú	bajas	bajabas	bajaste	bajarás	bajarías	has bajado
Él Ella Ud.	baja	bajaba	bajó	bajará	bajaría	ha bajado
Nos.	bajamos	bajábamos	bajamos	bajaremos	bajaríamos	hemos bajado
Vos.	bajáis	bajabais	bajasteis	bajaréis	bajaríais	habéis bajado
Ellos Ellas Uds.	bajan	bajaban	bajaron	bajarán	bajarían	han bajado

Ellos **bajan** al estacionamiento.

They are going down to the parking lot.

Ella **bajaba** en el elevador.

She was going down in the elevator.

8

to drink   beber

(tú) ¡bebe! / ¡no bebas!

bebiendo

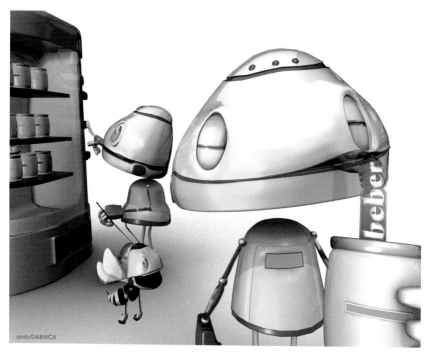

Sub.	Presente	Imperfecto	Pretérito	Futuro	Cond.	Perfecto
Yo	bebo	bebía	bebí	beberé	bebería	he bebido
Tú	bebes	bebías	bebiste	beberás	beberías	has bebido
Él Ella Ud.	bebe	bebía	bebió	beberá	bebería	ha bebido
Nos.	bebemos	bebíamos	bebimos	beberemos	beberíamos	hemos bebido
Vos.	bebéis	bebíais	bebisteis	beberéis	beberíais	habéis bebido
Ellos Ellas Uds.	beben	bebían	bebieron	beberán	beberían	han bebido

Verbito **bebe** como si fuera el fin del mundo.

Verbito is drinking like it's the end of the world.

Beberemos todo lo del refrigerador.

We will drink everything in the refrigerator.

9

besar
to kiss

besando

(tú) ¡besa! / ¡no beses!

Sub.	Presente	Imperfecto	Pretérito	Futuro	Cond.	Perfecto
Yo	beso	besaba	besé	besaré	besaría	he besado
Tú	besas	besabas	besaste	besarás	besarías	has besado
Él Ella Ud.	besa	besaba	besó	besará	besaría	ha besado
Nos.	besamos	besábamos	besamos	besaremos	besaríamos	hemos besado
Vos.	besáis	besabais	besasteis	besaréis	besaríais	habéis besado
Ellos Ellas Uds.	besan	besaban	besaron	besarán	besarían	han besado

Besas como esas mujeres de las películas.

You kiss like those girls in the movies.

Te besaría aun si fueras una rana.

I would kiss you even if you were a frog.

to search, look for

buscar

(tú) ¡busca! / ¡no busques!

buscando

Sub.	Presente	Imperfecto	Pretérito	Futuro	Cond.	Perfecto
Yo	busco	buscaba	busqué	buscaré	buscaría	he buscado
Tú	buscas	buscabas	buscaste	buscarás	buscarías	has buscado
Él Ella Ud.	busca	buscaba	buscó	buscará	buscaría	ha buscado
Nos.	buscamos	buscábamos	buscamos	buscaremos	buscaríamos	hemos buscado
Vos.	buscáis	buscabais	buscasteis	buscaréis	buscaríais	habéis buscado
Ellos Ellas Uds.	buscan	buscaban	buscaron	buscarán	buscarían	han buscado

Él **buscamos** día y noche.

We are searching for him day and night.

Buscaré dentro de la oscura bodega.

I will search inside this dark warehouse.

11

caer
to fall

cayendo

(tú) ¡cae! / ¡no caigas!

Sub.	Presente	Imperfecto	Pretérito	Futuro	Cond.	Perfecto
Yo	caigo	caía	caí	caeré	caería	he caído
Tú	caes	caías	caíste	caerás	caerías	has caído
Él Ella Ud.	cae	caía	cayó	caerá	caería	ha caído
Nos.	caemos	caíamos	caímos	caeremos	caeríamos	hemos caído
Vos.	caéis	caíais	caísteis	caeréis	caeríais	habéis caído
Ellos Ellas Uds.	caen	caían	cayeron	caerán	caerían	han caído

Él **cae** de su silla diariamente.

He falls off his chair daily.

¡Verbito! ¡ **Caíste** ! ¿Estás bien?

Verbito! You fell! Are you OK?

to be quiet
(tú) ¡calla! / ¡no calles!

callar
callando

Sub.	Presente	Imperfecto	Pretérito	Futuro	Cond.	Perfecto
Yo	callo	callaba	callé	callaré	callaría	he callado
Tú	callas	callabas	callaste	callarás	callarías	has callado
Él Ella Ud.	calla	callaba	calló	callará	callaría	ha callado
Nos.	callamos	callábamos	callamos	callaremos	callaríamos	hemos callado
Vos.	calláis	callabais	callasteis	callaréis	callaríais	habéis callado
Ellos Ellas Uds.	callan	callaban	callaron	callarán	callarían	han callado

Usualmente él calla en estos momentos.
Usually, he is quiet around this time.

He callado casi todas las noches.
I have been quiet on most nights.

13

cambiar
cambiando

to change, exchange
(tú) ¡cambia! / ¡no cambies!

Sub.	Presente	Imperfecto	Pretérito	Futuro	Cond.	Perfecto
Yo	cambio	cambiaba	cambié	cambiaré	cambiaría	he cambiado
Tú	cambias	cambiabas	cambiaste	cambiarás	cambiarías	has cambiado
Él Ella Ud.	cambia	cambiaba	cambió	cambiará	cambiaría	ha cambiado
Nos.	cambiamos	cambiábamos	cambiamos	cambiaremos	cambiaríamos	hemos cambiado
Vos.	cambiáis	cambiabais	cambiasteis	cambiaréis	cambiaríais	habéis cambiado
Ellos Ellas Uds.	cambian	cambiaban	cambiaron	cambiarán	cambiarían	han cambiado

Cambiamos sus baterías cada mes.

We change their batteries every month.

¡Este proceso cambiará tu vida, Beebot!

This process will change your life, Beebot!

14

to sing

cantar

cantando

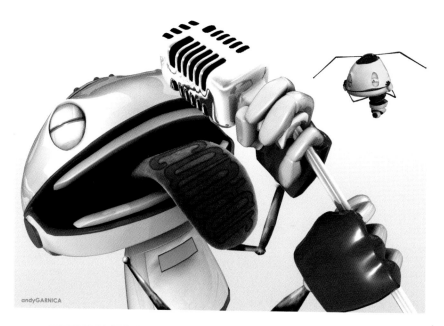

andyGARNICA

Sub.	Presente	Imperfecto	Pretérito	Futuro	Cond.	Perfecto
Yo	canto	cantaba	canté	cantaré	cantaría	he cantado
Tú	cantas	cantabas	cantaste	cantarás	cantarías	has cantado
Él Ella Ud.	canta	cantaba	cantó	cantará	cantaría	ha cantado
Nos.	cantamos	cantábamos	cantamos	cantaremos	cantaríamos	hemos cantado
Vos.	cantáis	cantabais	cantasteis	cantaréis	cantaríais	habéis cantado
Ellos Ellas Uds.	cantan	cantaban	cantaron	cantarán	cantarían	han cantado

Mi familia es talentosa y todos **cantamos**.

My family is gifted and we all sing.

¡Caramba! ¿ **Cantaste** esto con Metallica?

Wow! You sang this with Metallica?

15

casarse
casándose

to get married
(tú) ¡cásate! / ¡no te cases!

Sub.	Presente	Imperfecto	Pretérito	Futuro	Cond.	Perfecto
Yo	me caso	me casaba	me casé	me casaré	me casaría	me he casado
Tú	te casas	te casabas	te casaste	te casarás	te casarías	te has casado
Él Ella Ud.	se casa	se casaba	se casó	se casará	se casaría	se ha casado
Nos.	nos casamos	nos casábamos	nos casamos	nos casaremos	nos casaríamos	nos hemos casado
Vos.	os casáis	os casabais	os casasteis	os casaréis	os casaríais	os habéis casado
Ellos Ellas Uds.	se casan	se casaban	se casaron	se casarán	se casarían	se han casado

Verbito and Verbita **se casan** hoy.

Verbito and Verbita are getting married today.

Cyberdog estuvo ahí cuando **me casé**.

Cyberdog was there when I got married.

to close   cerrar

(tú) ¡cierra! / ¡no cierres!   cerrando

andyGARNICA

Sub.	Presente	Imperfecto	Pretérito	Futuro	Cond.	Perfecto
Yo	cierro	cerraba	cerré	cerraré	cerraría	he cerrado
Tú	cierras	cerrabas	cerraste	cerrarás	cerrarías	has cerrado
Él Ella Ud.	cierra	cerraba	cerró	cerrará	cerraría	ha cerrado
Nos.	cerramos	cerrábamos	cerramos	cerraremos	cerraríamos	hemos cerrado
Vos.	cerráis	cerrabais	cerrasteis	cerraréis	cerraríais	habéis cerrado
Ellos Ellas Uds.	cierran	cerraban	cerraron	cerrarán	cerrarían	han cerrado

Verbito **cierra** la puerta del auto.

Verbito closes the car door.

Cerré mi auto para mantenerlo limpio.

I closed my car to keep it clean.

17

chocar

to crash, collide

chocando

(tú) ¡choca! / ¡no choques!

Sub.	Presente	Imperfecto	Pretérito	Futuro	Cond.	Perfecto
Yo	choco	chocaba	choqué	chocaré	chocaría	he chocado
Tú	chocas	chocabas	chocaste	chocarás	chocarías	has chocado
Él Ella Ud.	choca	chocaba	chocó	chocará	chocaría	ha chocado
Nos.	chocamos	chocábamos	chocamos	chocaremos	chocaríamos	hemos chocado
Vos.	chocáis	chocabais	chocasteis	chocaréis	chocaríais	habéis chocado
Ellos Ellas Uds.	chocan	chocaban	chocaron	chocarán	chocarían	han chocado

¡Choco contra los Beebots por diversión!

I crash against Beebots for fun!

¡Cyberdog! Chocaste contra nosotros!

Cyberdog! You crashed right against us!

18

to cook
cocinar

(tú) ¡cocina! / ¡no cocines!

cocinando

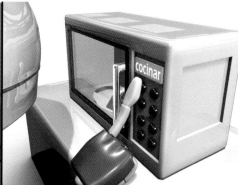

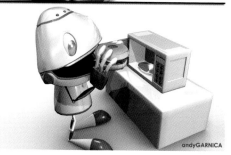

andyGARNICA

Sub.	Presente	Imperfecto	Pretérito	Futuro	Cond.	Perfecto
Yo	cocino	cocinaba	cociné	cocinaré	cocinaría	he cocinado
Tú	cocinas	cocinabas	cocinaste	cocinarás	cocinarías	has cocinado
Él Ella Ud.	cocina	cocinaba	cocinó	cocinará	cocinaría	ha cocinado
Nos.	cocinamos	cocinábamos	cocinamos	cocinaremos	cocinaríamos	hemos cocinado
Vos.	cocináis	cocinabais	cocinasteis	cocinaréis	cocinaríais	habéis cocinado
Ellos Ellas Uds.	cocinan	cocinaban	cocinaron	cocinarán	cocinarían	han cocinado

Siempre **cocino** comida congelada.

I always cook frozen food.

Cocinarías para mí si supieras cómo.

You would cook for me if you knew how.

19

comer
comiendo

to eat

(tú) ¡come! / ¡no comas!

Sub.	Presente	Imperfecto	Pretérito	Futuro	Cond.	Perfecto
Yo	como	comía	comí	comeré	comería	he comido
Tú	comes	comías	comiste	comerás	comerías	has comido
Él Ella Ud.	come	comía	comió	comerá	comería	ha comido
Nos.	comemos	comíamos	comimos	comeremos	comeríamos	hemos comido
Vos.	coméis	comíais	comisteis	comeréis	comeríais	habéis comido
Ellos Ellas Uds.	comen	comían	comieron	comerán	comerían	han comido

Los Beebots **comen** lo que les ofrezcas.

Beebots eat whatever you offer them.

He comido uno de estos antes.

I have eaten one of these before.

to buy   comprar

(tú) ¡compra! / ¡no compres!

comprando

Sub.	Presente	Imperfecto	Pretérito	Futuro	Cond.	Perfecto
Yo	compro	compraba	compré	compraré	compraría	he comprado
Tú	compras	comprabas	compraste	comprarás	comprarías	has comprado
Él Ella Ud.	compra	compraba	compró	comprará	compraría	ha comprado
Nos.	compramos	comprábamos	compramos	compraremos	compraríamos	hemos comprado
Vos.	compráis	comprabais	comprasteis	compraréis	compraríais	habéis comprado
Ellos Ellas Uds.	compran	compraban	compraron	comprarán	comprarían	han comprado

Verbito y Cyberdog **compran** la comida que necesitan cada viernes.

Verbito and Cyberdog buy whatever food they need every Friday.

¿**Has comprado** esto para tu amigo?

Have you bought this for your friend?

21

conducir

conduciendo

to drive

(tú) ¡conduce! / ¡no conduzcas!

Sub.	Presente	Imperfecto	Pretérito	Futuro	Cond.	Perfecto
Yo	conduzco	conducía	conduje	conduciré	conduciría	he conducido
Tú	conduces	conducías	condujiste	conducirás	conducirías	has conducido
Él Ella Ud.	conduce	conducía	condujo	conducirá	conduciría	ha conducido
Nos.	conducimos	conducíamos	condujimos	conduciremos	conduciríamos	hemos conducido
Vos.	conducís	conducíais	condujisteis	conduciréis	conduciríais	habéis conducido
Ellos Ellas Uds.	conducen	conducían	condujeron	conducirán	conducirían	han conducido

Conducimos de un planeta a otro.

We drive from one planet to the next.

Conducían como robots locos.

They were driving like mad robots.

to construct, build
construir

(tú) ¡construye! / ¡no construyas!

construyendo

andyGARNICA

Sub.	Presente	Imperfecto	Pretérito	Futuro	Cond.	Perfecto
Yo	construyo	construía	construí	construiré	construiría	he construido
Tú	construyes	construías	construiste	construirás	construirías	has construido
Él Ella Ud.	construye	construía	construyó	construirá	construiría	ha construido
Nos.	construimos	construíamos	construimos	construiremos	construiríamos	hemos construido
Vos.	construís	construíais	construisteis	construiréis	construiríais	habéis construido
Ellos Ellas Uds.	construyen	construían	construyeron	construirán	construirían	han construido

Muéstranos cómo **construyes** uno igual.

Show us how you build one like this.

Lo **construí** cuidadosamente, poco a poco.

I built it carefully, bit by bit.

23

contar
to count

contando   (tú) ¡cuenta! / ¡no cuentes!

Sub.	Presente	Imperfecto	Pretérito	Futuro	Cond.	Perfecto
Yo	cuento	contaba	conté	contaré	contaría	he contado
Tú	cuentas	contabas	contaste	contarás	contarías	has contado
Él Ella Ud.	cuenta	contaba	contó	contará	contaría	ha contado
Nos.	contamos	contábamos	contamos	contaremos	contaríamos	hemos contado
Vos.	contáis	contabais	contasteis	contaréis	contaríais	habéis contado
Ellos Ellas Uds.	cuentan	contaban	contaron	contarán	contarían	han contado

Ahora nosotros contamos a los Beebots.

We are counting the Beebots right now.

¿A cuántos Beebots has contado hasta ahora?

How many Beebots have you counted so far?

24

to run   correr
(tú) ¡corre! / ¡no corras!   corriendo

Sub.	Presente	Imperfecto	Pretérito	Futuro	Cond.	Perfecto
Yo	corro	corría	corrí	correré	correría	he corrido
Tú	corres	corrías	corriste	correrás	correrías	has corrido
Él Ella Ud.	corre	corría	corrió	correrá	correría	ha corrido
Nos.	corremos	corríamos	corrimos	correremos	correríamos	hemos corrido
Vos.	corréis	corríais	corristeis	correréis	correríais	habéis corrido
Ellos Ellas Uds.	corren	corrían	corrieron	correrán	correrían	han corrido

Verbito **corre** fácilmente debido a la baja gravedad.

Verbito runs easily because of the low gravity.

Casi pisé a un Beebot cuando **corrí**.

I nearly stepped on a Beebot as I ran.

25

cortar

cortando   (tú) ¡corta! / ¡no cortes!

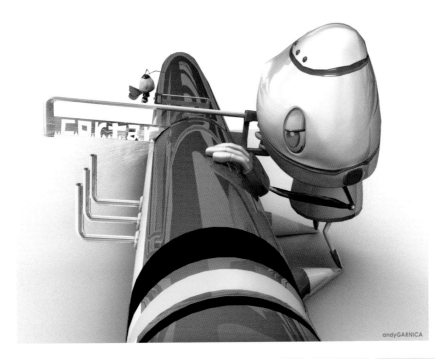

Sub.	Presente	Imperfecto	Pretérito	Futuro	Cond.	Perfecto
Yo	corto	cortaba	corté	cortaré	cortaría	he cortado
Tú	cortas	cortabas	cortaste	cortarás	cortarías	has cortado
Él Ella Ud.	corta	cortaba	cortó	cortará	cortaría	ha cortado
Nos.	cortamos	cortábamos	cortamos	cortaremos	cortaríamos	hemos cortado
Vos.	cortáis	cortabais	cortasteis	cortaréis	cortaríais	habéis cortado
Ellos Ellas Uds.	cortan	cortaban	cortaron	cortarán	cortarían	han cortado

Lo corto porque es muy largo.

I am cutting it because it is too long.

Lo cortarías más rápido con una sierra eléctrica.

You would cut it faster with an electric saw.

26

to create
(tú) ¡crea! / ¡no crees!

crear
creando

andyGARNICA

Sub.	Presente	Imperfecto	Pretérito	Futuro	Cond.	Perfecto
Yo	creo	creaba	creé	crearé	crearía	he creado
Tú	creas	creabas	creaste	crearás	crearías	has creado
Él Ella Ud.	crea	creaba	creó	creará	crearía	ha creado
Nos.	creamos	creábamos	creamos	crearemos	crearíamos	hemos creado
Vos.	creáis	creabais	creasteis	crearéis	crearíais	habéis creado
Ellos Ellas Uds.	crean	creaban	crearon	crearán	crearían	han creado

¡Estamos creando otro Big Bang!

We are creating another Big Bang!

Crearé una sorpresa para Verbita.

I will create a surprise for Verbita.

27

crecer

to grow

(tú) ¡crece! / ¡no crezcas!

andyGARNICA

Sub.	Presente	Imperfecto	Pretérito	Futuro	Cond.	Perfecto
Yo	crezco	crecía	crecí	creceré	crecería	he crecido
Tú	creces	crecías	creciste	crecerás	crecerías	has crecido
Él Ella Ud.	crece	crecía	creció	crecerá	crecería	ha crecido
Nos.	crecemos	crecíamos	crecimos	creceremos	creceríamos	hemos crecido
Vos.	crecéis	crecíais	crecisteis	creceréis	creceríais	habéis crecido
Ellos Ellas Uds.	crecen	crecían	crecieron	crecerán	crecerían	han crecido

Él crece instantáneamente con esta pastilla.

He grows almost instantly with this pill.

¡Cómo has crecido, Verbito!

How you have grown, Verbito!

to give

(tú) ¡da! / ¡no des!

dando

Sub.	Presente	Imperfecto	Pretérito	Futuro	Cond.	Perfecto
Yo	doy	daba	di	daré	daría	he dado
Tú	das	dabas	diste	darás	darías	has dado
Él Ella Ud.	da	daba	dio	dará	daría	ha dado
Nos.	damos	dábamos	dimos	daremos	daríamos	hemos dado
Vos.	dais	dabais	disteis	daréis	daríais	habéis dado
Ellos Ellas Uds.	dan	daban	dieron	darán	darían	han dado

Te **doy** flores sin una razón especial.

I am giving you flowers for no special reason.

Me **diste** chocolates la semana pasada.

You gave me chocolates last week.

decidir

decidiendo

to decide

(tú) ¡decide! / ¡no decidas!

andyGARNICA

Sub.	Presente	Imperfecto	Pretérito	Futuro	Cond.	Perfecto
Yo	decido	decidía	decidí	decidiré	decidiría	he decidido
Tú	decides	decidías	decidiste	decidirás	decidirías	has decidido
Él Ella Ud.	decide	decidía	decidió	decidirá	decidiría	ha decidido
Nos.	decidimos	decidíamos	decidimos	decidiremos	decidiríamos	hemos decidido
Vos.	decidís	decidíais	decidisteis	decidiréis	decidiríais	habéis decidido
Ellos Ellas Uds.	deciden	decidían	decidieron	decidirán	decidirían	han decidido

Decide cuál te gusta más.

You decide which one you like better.

Elige algo o yo decidiré por ti.

Choose something or I will decide for you.

to quit

(tú) ¡deja! / ¡no dejes!

dejar
dejando

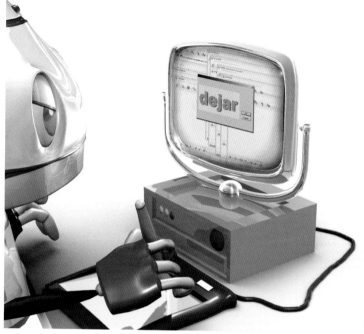

andyGARNICA

Sub.	Presente	Imperfecto	Pretérito	Futuro	Cond.	Perfecto
Yo	dejo	dejaba	dejé	dejaré	dejaría	he dejado
Tú	dejas	dejabas	dejaste	dejarás	dejarías	has dejado
Él Ella Ud.	deja	dejaba	dejó	dejará	dejaría	ha dejado
Nos.	dejamos	dejábamos	dejamos	dejaremos	dejaríamos	hemos dejado
Vos.	dejáis	dejabais	dejasteis	dejaréis	dejaríais	habéis dejado
Ellos Ellas Uds.	dejan	dejaban	dejaron	dejarán	dejarían	han dejado

La máquina **deja** de funcionar seguido.

My machine is quitting too often.

Lo **dejaré** e iré a casa.

I will quit and go home.

31

despertar
despertando

to wake (someone) up
(tú) ¡despierta! / ¡no despiertes!

Sub.	Presente	Imperfecto	Pretérito	Futuro	Cond.	Perfecto
Yo	despierto	despertaba	desperté	despertaré	despertaría	he despertado
Tú	despiertas	despertabas	despertaste	despertarás	despertarías	has despertado
Él Ella Ud.	despierta	despertaba	despertó	despertará	despertaría	ha despertado
Nos.	despertamos	despertábamos	despertamos	despertaremos	despertaríamos	hemos despertado
Vos.	despertáis	despertabais	despertasteis	despertaréis	despertaríais	habéis despertado
Ellos Ellas Uds.	despiertan	despertaban	despertaron	despertarán	despertarían	han despertado

Te **despiertas** a las siete y todas las mañanas.

You wake up at ten past seven every morning.

Me **han despertado** y es hora del desayuno.

They have woken me up and it's time for breakfast.

32

to direct
dirigir

dirigiendo

andyGARNICA

Sub.	Presente	Imperfecto	Pretérito	Futuro	Cond.	Perfecto
Yo	dirijo	dirigía	dirigí	dirigiré	dirigiría	he dirigido
Tú	diriges	dirigías	dirigiste	dirigirás	dirigirías	has dirigido
Él Ella Ud.	dirige	dirigía	dirigió	dirigirá	dirigiría	ha dirigido
Nos.	dirigimos	dirigíamos	dirigimos	dirigiremos	dirigiríamos	hemos dirigido
Vos.	dirigís	dirigíais	dirigisteis	dirigiréis	dirigiríais	habéis dirigido
Ellos Ellas Uds.	dirigen	dirigían	dirigieron	dirigirán	dirigirían	han dirigido

Tú dirige las operaciones desde ahí.

You direct operations from there.

Él los dirigió en cada paso.

He directed them through every step.

dormir
durmiendo
to sleep

(tú) ¡duerme! / ¡no duermas!

Sub.	Presente	Imperfecto	Pretérito	Futuro	Cond.	Perfecto
Yo	duermo	dormía	dormí	dormiré	dormiría	he dormido
Tú	duermes	dormías	dormiste	dormirás	dormirías	has dormido
Él Ella Ud.	duerme	dormía	durmió	dormirá	dormiría	ha dormido
Nos.	dormimos	dormíamos	dormimos	dormiremos	dormiríamos	hemos dormido
Vos.	dormís	dormíais	dormisteis	dormiréis	dormiríais	habéis dormido
Ellos Ellas Uds.	duermen	dormían	durmieron	dormirán	dormirían	han dormido

Dormimos en camas que parecen cajas de metal.

We sleep in beds that look like metal boxes.

Dormiría de lado pero la caja es muy pequeña.

I would sleep on my side but the box is too small.

34

to shower, take a shower   ducharse

(tú) ¡dúchate! / ¡no te duches!

duchándose

andyGARNICA

Sub.	Presente	Imperfecto	Pretérito	Futuro	Cond.	Perfecto
Yo	me ducho	me duchaba	me duché	me ducharé	me ducharía	me he duchado
Tú	te duchas	te duchabas	te duchaste	te ducharás	te ducharías	te has duchado
Él Ella Ud.	se ducha	se duchaba	se duchó	se duchará	se ducharía	se ha duchado
Nos.	nos duchamos	nos duchábamos	nos duchamos	nos ducharemos	nos ducharíamos	nos hemos duchado
Vos.	os ducháis	os duchabais	os duchasteis	os ducharéis	os ducharíais	os habéis duchado
Ellos Ellas Uds.	se duchan	se duchaban	se ducharon	se ducharán	se ducharían	se han duchado

¡Me pregunto si **te duchas** por primera vez, Cyberdog!

I wonder if you are showering for the first time, Cyberdog!

Me duché para deshacerme del lodo.

I showered to get rid of the mud.

35

empezar
empezando

(tú) ¡empieza! / ¡no empieces!

andyGARNICA

Sub.	Presente	Imperfecto	Pretérito	Futuro	Cond.	Perfecto
Yo	empiezo	empezaba	empecé	empezaré	empezaría	he empezado
Tú	empiezas	empezabas	empezaste	empezarás	empezarías	has empezado
Él Ella Ud.	empieza	empezaba	empezó	empezará	empezaría	ha empezado
Nos.	empezamos	empezábamos	empezamos	empezaremos	empezaríamos	hemos empezado
Vos.	empezáis	empezabais	empezasteis	empezaréis	empezaríais	habéis empezado
Ellos Ellas Uds.	empiezan	empezaban	empezaron	empezarán	empezarían	han empezado

Siempre que Verbito empieza, termino perdiendo.

Every time Verbito starts, I end up losing.

¡Sigue intentando, Cyberdog, y un día empezarás a ganar!

Keep trying, Cyberdog, and one day you will start winning!

36

encender

(tú) ¡enciende! / ¡no enciendas!

encendiendo

andyGARNICA

Sub.	Presente	Imperfecto	Pretérito	Futuro	Cond.	Perfecto
Yo	enciendo	encendía	encendí	encenderé	encendería	he encendido
Tú	enciendes	encendías	encendiste	encenderás	encenderías	has encendido
Él Ella Ud.	enciende	encendía	encendió	encenderá	encendería	ha encendido
Nos.	encendemos	encendíamos	encendimos	encenderemos	encenderíamos	hemos encendido
Vos.	encendéis	encendíais	encendisteis	encenderéis	encenderíais	habéis encendido
Ellos Ellas Uds.	encienden	encendían	encendieron	encenderán	encenderían	han encendido

Enciendo toda el área.

I am lighting up the whole area.

Encendería un árbol si fuese Navidad.

He would light a tree if it were Christmas.

37

encontrar

encontrando

to find

(tú) ¡encuentra! / ¡no encuentres!

andyGARNICA

Sub.	Presente	Imperfecto	Pretérito	Futuro	Cond.	Perfecto
Yo	encuentro	encontraba	encontré	encontraré	encontraría	he encontrado
Tú	encuentras	encontrabas	encontraste	encontrarás	encontrarías	has encontrado
Él Ella Ud.	encuentra	encontraba	encontró	encontrará	encontraría	ha encontrado
Nos.	encontramos	encontrábamos	encontramos	encontraremos	encontraríamos	hemos encontrado
Vos.	encontráis	encontrabais	encontrasteis	encontraréis	encontraríais	habéis encontrado
Ellos Ellas Uds.	encuentran	encontraban	encontraron	encontrarán	encontrarían	han encontrado

Encontramos varios perros dormidos
bajo el árbol.

*We find many lost dogs asleep under a
tree.*

¡Oficial! ¡**Encontró** a Cyberdog!

Officer! You found Cyberdog!

to enter, go in
entrar

(tú) ¡entra! / ¡no entres!

entrando

Sub.	Presente	Imperfecto	Pretérito	Futuro	Cond.	Perfecto
Yo	entro	entraba	entré	entraré	entraría	he entrado
Tú	entras	entrabas	entraste	entrarás	entrarías	has entrado
Él Ella Ud.	entra	entraba	entró	entrará	entraría	ha entrado
Nos.	entramos	entrábamos	entramos	entraremos	entraríamos	hemos entrado
Vos.	entráis	entrabais	entrasteis	entraréis	entraríais	habéis entrado
Ellos Ellas Uds.	entran	entraban	entraron	entrarán	entrarían	han entrado

Entramos cuando las luces rojas sean verdes.

We enter as the red lights go green.

Ellos entraban uno a la vez.

They were entering one at a time.

39

escribir
escribiendo

to write
(tú) ¡escribe! / ¡no escribas!

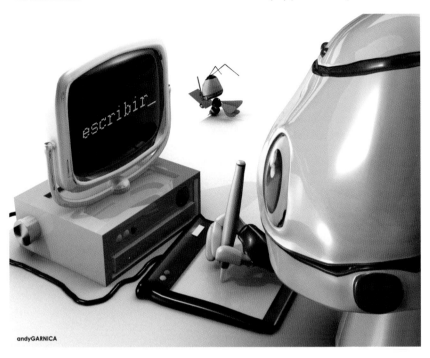

andyGARNICA

Sub.	Presente	Imperfecto	Pretérito	Futuro	Cond.	Perfecto
Yo	escribo	escribía	escribí	escribiré	escribiría	he escrito
Tú	escribes	escribías	escribiste	escribirás	escribirías	has escrito
Él Ella Ud.	escribe	escribía	escribió	escribirá	escribiría	ha escrito
Nos.	escribimos	escribíamos	escribimos	escribiremos	escribiríamos	hemos escrito
Vos.	escribís	escribíais	escribisteis	escribiréis	escribiríais	habéis escrito
Ellos Ellas Uds.	escriben	escribían	escribieron	escribirán	escribirían	han escrito

Él **escribe** ensayos en su computadora que nunca nadie lee.

He writes essays on his computer that no one ever reads.

Algún día **escribiré** mis memorias.

One day I will write my memoirs.

esperar

(tú) ¡espera! / ¡no esperes!

esperando

Sub.	Presente	Imperfecto	Pretérito	Futuro	Cond.	Perfecto
Yo	espero	esperaba	esperé	esperaré	esperaría	he esperado
Tú	esperas	esperabas	esperaste	esperarás	esperarías	has esperado
Él Ella Ud.	espera	esperaba	esperó	esperará	esperaría	ha esperado
Nos.	esperamos	esperábamos	esperamos	esperaremos	esperaríamos	hemos esperado
Vos.	esperáis	esperabais	esperasteis	esperaréis	esperaríais	habéis esperado
Ellos Ellas Uds.	esperan	esperaban	esperaron	esperarán	esperarían	han esperado

Verbito **espera** pacientemente en la esquina.

Verbito waits patiently at the corner.

Creemos que **has esperado** suficiente.

We think you have waited enough.

estar
estando

to be

(tú) ¡está! / ¡no estés!

andyGARNICA

Sub.	Presente	Imperfecto	Pretérito	Futuro	Cond.	Perfecto
Yo	estoy	estaba	estuve	estaré	estaría	he estado
Tú	estás	estabas	estuviste	estarás	estarías	has estado
Él Ella Ud.	está	estaba	estuvo	estará	estaría	ha estado
Nos.	estamos	estábamos	estuvimos	estaremos	estaríamos	hemos estado
Vos.	estáis	estabais	estuvisteis	estaréis	estaríais	habéis estado
Ellos Ellas Uds.	están	estaban	estuvieron	estarán	estarían	han estado

Hoy **estoy** muy orgulloso.

Today I am very proud.

Tu nombre **estará** en las luces de Broadway.

Your name will be in lights over Broadway.

42

to study

(tú) ¡estudia! / ¡no estudies!

estudiar

estudiando

andyGARNICA

Sub.	Presente	Imperfecto	Pretérito	Futuro	Cond.	Perfecto
Yo	estudio	estudiaba	estudié	estudiaré	estudiaría	he estudiado
Tú	estudias	estudiabas	estudiaste	estudiarás	estudiarías	has estudiado
Él Ella Ud.	estudia	estudiaba	estudió	estudiará	estudiaría	ha estudiado
Nos.	estudiamos	estudiábamos	estudiamos	estudiaremos	estudiaríamos	hemos estudiado
Vos.	cstudiáis	estudiabais	estudiasteis	estudiaréis	estudiaríais	habéis estudiado
Ellos Ellas Uds.	estudian	estudiaban	estudiaron	estudiarán	estudiarían	han estudiado

Verbito y un Beebot **estudian** en casa.

Verbito and a Beebot are studying at home.

Estudiaré esta noche para el examen de mañana.

I will study tonight for tomorrow's test.

43

ganar
ganando

to win

(tú) ¡gana! / ¡no ganes!

andyGARNICA

Sub.	Presente	Imperfecto	Pretérito	Futuro	Cond.	Perfecto
Yo	gano	ganaba	gané	ganaré	ganaría	he ganado
Tú	ganas	ganabas	ganaste	ganarás	ganarías	has ganado
Él Ella Ud.	gana	ganaba	ganó	ganará	ganaría	ha ganado
Nos.	ganamos	ganábamos	ganamos	ganaremos	ganaríamos	hemos ganado
Vos.	ganáis	ganabais	ganasteis	ganaréis	ganaríais	habéis ganado
Ellos Ellas Uds.	ganan	ganaban	ganaron	ganarán	ganarían	han ganado

Él siempre **gana** porque su tía dirige el comité de selección.

He always wins because his aunt runs the selection committee.

He ganado el premio del "Robot del Año" dos veces seguidas.

I have won the "Robot of the Year" award twice in a row.

to turn
(tú) ¡gira! / ¡no gires!

girar
girando

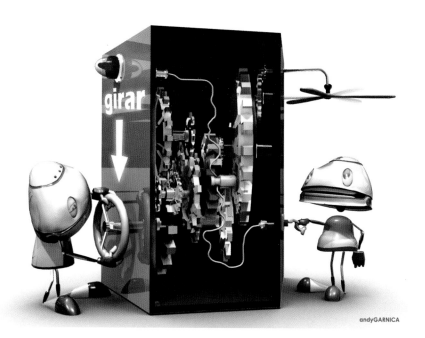

andyGARNICA

Sub.	Presente	Imperfecto	Pretérito	Futuro	Cond.	Perfecto
Yo	giro	giraba	giré	giraré	giraría	he girado
Tú	giras	girabas	giraste	girarás	girarías	has girado
Él Ella Ud.	gira	giraba	giró	girará	giraría	ha girado
Nos.	giramos	girábamos	giramos	giraremos	giraríamos	hemos girado
Vos.	giráis	girabais	girasteis	giraréis	giraríais	habéis girado
Ellos Ellas Uds.	giran	giraban	giraron	girarán	girarían	han girado

Primero, la rueda **gira** y después el motor ruge.

First, a wheel turns and then the engine roars.

Le gustó cuando las aspas del ventilador **giraban**.

He liked it when the fan blades were turning.

45

grabar
grabando

to record, shoot (film)

(tú) ¡graba! / ¡no grabes!

OL/O3/2982

grabar

andyGARNICA

Sub.	Presente	Imperfecto	Pretérito	Futuro	Cond.	Perfecto
Yo	grabo	grababa	grabé	grabaré	grabaría	he grabado
Tú	grabas	grababas	grabaste	grabarás	grabarías	has grabado
Él Ella Ud.	graba	grababa	grabó	grabará	grabaría	ha grabado
Nos.	grabamos	grabábamos	grabamos	grabaremos	grabaríamos	hemos grabado
Vos.	grabáis	grababais	grabasteis	grabaréis	grabaríais	habéis grabado
Ellos Ellas Uds.	graban	grababan	grabaron	grabarán	grabarían	han grabado

Cyberdog actúa cuando lo grabo.

Cyberdog plays up when I am recording him.

Grabamos cada movimiento que él hizo.

We recorded every move he made.

to scream

gritar

(tú) ¡grita! / ¡no grites!

gritando

andyGARNICA

Sub.	Presente	Imperfecto	Pretérito	Futuro	Cond.	Perfecto
Yo	grito	gritaba	grité	gritaré	gritaría	he gritado
Tú	gritas	gritabas	gritaste	gritarás	gritarías	has gritado
Él Ella Ud.	grita	gritaba	gritó	gritará	gritaría	ha gritado
Nos.	gritamos	gritábamos	gritamos	gritaremos	gritaríamos	hemos gritado
Vos.	gritáis	gritabais	gritasteis	gritaréis	gritaríais	habéis gritado
Ellos Ellas Uds.	gritan	gritaban	gritaron	gritarán	gritarían	han gritado

Cuando Verbita **grita**, toda la galaxia tiembla.

When Verbita screams, the whole galaxy shakes.

Le **grité** tan fuerte que sus orejas se elevaron.

I screamed so hard at him his ears lit up.

47

gustar
gustando

Refl.	Presente	Imperfecto	Pretérito	Futuro	Cond.	Perfecto
me	gusta / gustan	gustaba / gustaban	gustó / gustaron	gustará / gustarán	gustaría / gustarían	ha gustado / han gustado
te	gusta / gustan	gustaba / gustaban	gustó / gustaron	gustará / gustarán	gustaría / gustarían	ha gustado / han gustado
le	gusta / gustan	gustaba / gustaban	gustó / gustaron	gustará / gustarán	gustaría / gustarían	ha gustado / han gustado
nos	gusta / gustan	gustaba / gustaban	gustó / gustaron	gustará / gustarán	gustaría / gustarían	ha gustado / han gustado
os	gusta / gustan	gustaba / gustaban	gustó / gustaron	gustará / gustarán	gustaría / gustarían	ha gustado / han gustado
les	gusta / gustan	gustaba / gustaban	gustó / gustaron	gustará / gustarán	gustaría / gustarían	ha gustado / han gustado

Estas galletas le **gustan** tanto a Cyberdog.

Cyberdog likes these cookies a lot.

¿Te **gustaría** otra galleta, verdad?

You would like another cookie, wouldn't you?

This verb literally means "to please." When the thing you like is plural, use the plural form of the verb (the second line).

48

hablar

(tú) ¡habla! / ¡no hables!

hablando

Sub.	Presente	Imperfecto	Pretérito	Futuro	Cond.	Perfecto
Yo	hablo	hablaba	hablé	hablaré	hablaría	he hablado
Tú	hablas	hablabas	hablaste	hablarás	hablarías	has hablado
Él Ella Ud.	habla	hablaba	habló	hablará	hablaría	ha hablado
Nos.	hablamos	hablábamos	hablamos	hablaremos	hablaríamos	hemos hablado
Vos.	habláis	hablabais	hablasteis	hablaréis	hablaríais	habéis hablado
Ellos Ellas Uds.	hablan	hablaban	hablaron	hablarán	hablarían	han hablado

Fascino a mi audiencia cuando hablo.

I amaze my audience when I talk.

Hablábamos de tu sombrero, Verbito.

We were talking about your hat, Verbito.

hacer
to make

haciendo

(tú) ¡haz! / ¡no hagas!

Sub.	Presente	Imperfecto	Pretérito	Futuro	Cond.	Perfecto
Yo	hago	hacía	hice	haré	haría	he hecho
Tú	haces	hacías	hiciste	harás	harías	has hecho
Él Ella Ud.	hace	hacía	hizo	hará	haría	ha hecho
Nos.	hacemos	hacíamos	hicimos	haremos	haríamos	hemos hecho
Vos.	hacéis	hacíais	hicisteis	haréis	haríais	habéis hecho
Ellos Ellas Uds.	hacen	hacían	hicieron	harán	harían	han hecho

Yo **hago** varias cosas con mis manos.

I make many things with my hands.

Aquí hay algo que **hicimos** juntos.

Here is something we made together.

to go   ir

(tú) ¡ve! / ¡no vayas!

yendo

andyGARNICA

Sub.	Presente	Imperfecto	Pretérito	Futuro	Cond.	Perfecto
Yo	voy	iba	fui	iré	iría	he ido
Tú	vas	ibas	fuiste	irás	irías	has ido
Él Ella Ud.	va	iba	fue	irá	iría	ha ido
Nos.	vamos	íbamos	fuimos	iremos	iríamos	hemos ido
Vos.	vais	ibais	fuisteis	iréis	iríais	habéis ido
Ellos Ellas Uds.	van	iban	fueron	irán	irían	han ido

¡Si presionas este botón de repente te **vas**!

If you press this button you suddenly go!

Ella **iba** lo más rápido posible.

She was going as fast as possible.

51

jugar
to play

jugando

(tú) ¡juega! / ¡no juegues!

Sub.	Presente	Imperfecto	Pretérito	Futuro	Cond.	Perfecto
Yo	juego	jugaba	jugué	jugaré	jugaría	he jugado
Tú	juegas	jugabas	jugaste	jugarás	jugarías	has jugado
Él Ella Ud.	juega	jugaba	jugó	jugará	jugaría	ha jugado
Nos.	jugamos	jugábamos	jugamos	jugaremos	jugaríamos	hemos jugado
Vos.	jugáis	jugabais	jugasteis	jugaréis	jugaríais	habéis jugado
Ellos Ellas Uds.	juegan	jugaban	jugaron	jugarán	jugarían	han jugado

Él juega juegos todo el día, todos los días.

He plays games all day, every day.

Jugaste el mismo juego como diez veces ya.

You played this same game about ten times already.

52

to read   leer

(tú) ¡lee! / ¡no leas!   *leyendo*

Sub.	Presente	Imperfecto	Pretérito	Futuro	Cond.	Perfecto
Yo	leo	leía	leí	leeré	leería	he leído
Tú	lees	leías	leíste	leerás	leerías	has leído
Él Ella Ud.	lee	leía	leyó	leerá	leería	ha leído
Nos.	leemos	leíamos	leímos	leeremos	leeríamos	hemos leído
Vos.	leéis	leíais	leísteis	leeréis	leeríais	habéis leído
Ellos Ellas Uds.	leen	leían	leyeron	leerán	leerían	han leído

Leemos libros muy gruesos juntos.

We read big, fat books together.

Han leído este libro una y otra vez.

They have read this book over and over again.

53

limpiar
to clean

limpiando

(tú) ¡limpia! / ¡no limpies!

Sub.	Presente	Imperfecto	Pretérito	Futuro	Cond.	Perfecto
Yo	limpio	limpiaba	limpié	limpiaré	limpiaría	he limpiado
Tú	limpias	limpiabas	limpiaste	limpiarás	limpiarías	has limpiado
Él Ella Ud.	limpia	limpiaba	limpió	limpiará	limpiaría	ha limpiado
Nos.	limpiamos	limpiábamos	limpiamos	limpiaremos	limpiaríamos	hemos limpiado
Vos.	limpiáis	limpiabais	limpiasteis	limpiaréis	limpiaríais	habéis limpiado
Ellos Ellas Uds.	limpian	limpiaban	limpiaron	limpiarán	limpiarían	han limpiado

Ustedes **limpian** juntos como en equipo.

You are cleaning together as a team.

Ellos **limpiarían** la calle completa si les pagaran.

They would clean the whole street if you paid them.

to call

(tú) ¡llama! / ¡no llames!

llamar

llamando

andyGARNICA

Sub.	Presente	Imperfecto	Pretérito	Futuro	Cond.	Perfecto
Yo	llamo	llamaba	llamé	llamaré	llamaría	he llamado
Tú	llamas	llamabas	llamaste	llamarás	llamarías	has llamado
Él Ella Ud.	llama	llamaba	llamó	llamará	llamaría	ha llamado
Nos.	llamamos	llamábamos	llamamos	llamaremos	llamaríamos	hemos llamado
Vos.	llamáis	llamabais	llamasteis	llamaréis	llamaríais	habéis llamado
Ellos Ellas Uds.	llaman	llamaban	llamaron	llamarán	llamarían	han llamado

¡**Llamo** a Verbita tres veces al día!

I call Verbita three times a day!

Nos **llamaremos** mañana.

We will call each other tomorrow.

55

llegar
llegando

to arrive

(tú) ¡llega! / ¡no llegues!

Sub.	Presente	Imperfecto	Pretérito	Futuro	Cond.	Perfecto
Yo	llego	llegaba	llegué	llegaré	llegaría	he llegado
Tú	llegas	llegabas	llegaste	llegarás	llegarías	has llegado
Él Ella Ud.	llega	llegaba	llegó	llegará	llegaría	ha llegado
Nos.	llegamos	llegábamos	llegamos	llegaremos	llegaríamos	hemos llegado
Vos.	llegáis	llegabais	llegasteis	llegaréis	llegaríais	habéis llegado
Ellos Ellas Uds.	llegan	llegaban	llegaron	llegarán	llegarían	han llegado

Verbito llega a la puerta 4.

Verbito is arriving now at gate 4.

Llegué a tiempo como siempre.

I arrived on time as usual.

to carry, take, bring

llevar

(tú) ¡lleva! / ¡no lleves!

llevando

andyGARNICA

Sub.	Presente	Imperfecto	Pretérito	Futuro	Cond.	Perfecto
Yo	llevo	llevaba	llevé	llevaré	llevaría	he llevado
Tú	llevas	llevabas	llevaste	llevarás	llevarías	has llevado
Él Ella Ud.	lleva	llevaba	llevó	llevará	llevaría	ha llevado
Nos.	llevamos	llevábamos	llevamos	llevaremos	llevaríamos	hemos llevado
Vos.	lleváis	llevabais	llevasteis	llevaréis	llevaríais	habéis llevado
Ellos Ellas Uds.	llevan	llevaban	llevaron	llevarán	llevarían	han llevado

Te **llevo** a todas partes.

I am carrying you everywhere.

Ahora, tú lo **llevarás** al auto.

Now, you will carry him to the car.

57

llover

to rain

lloviendo
no command

Sub.	Presente	Imperfecto	Pretérito	Futuro	Cond.	Perfecto
	llueve	llovía	llovió	lloverá	llovería	ha llovido

¡Hoy **llueve** mucho, Cyberdog!

It is raining heavily today, Cyberdog!

¿Crees que **lloverá** mañana también?

Do you think it will rain tomorrow, too?

to (tell a) lie

mentir

(tú) ¡miente! / ¡no mientas!

mintiendo

Sub.	Presente	Imperfecto	Pretérito	Futuro	Cond.	Perfecto
Yo	miento	mentía	mentí	mentiré	mentiría	he mentido
Tú	mientes	mentías	mentiste	mentirás	mentirías	has mentido
Él Ella Ud.	miente	mentía	mintió	mentirá	mentiría	ha mentido
Nos.	mentimos	mentíamos	mentimos	mentiremos	mentiríamos	hemos mentido
Vos.	mentís	mentíais	mentisteis	mentiréis	mentiríais	habéis mentido
Ellos Ellas Uds.	mienten	mentían	mintieron	mentirán	mentirían	han mentido

Mientes acerca de esas flores.

You are lying about those flowers.

Mentí y después me sentí terrible.

I lied, and then I felt terrible afterward.

59

mostrar
mostrando

(tú) ¡muestra! / ¡no muestres!

andyGARNICA

Sub.	Presente	Imperfecto	Pretérito	Futuro	Cond.	Perfecto
Yo	muestro	mostraba	mostré	mostraré	mostraría	he mostrado
Tú	muestras	mostrabas	mostraste	mostrarás	mostrarías	has mostrado
Él Ella Ud.	muestra	mostraba	mostró	mostrará	mostraría	ha mostrado
Nos.	mostramos	mostrábamos	mostramos	mostraremos	mostraríamos	hemos mostrado
Vos.	mostráis	mostrabais	mostrasteis	mostraréis	mostraríais	habéis mostrado
Ellos Ellas Uds.	muestran	mostraban	mostraron	mostrarán	mostrarían	han mostrado

Te muestro a mi nuevo mejor amigo.

I am showing you my new best friend.

¡Me has mostrado suficiente por un día, Verbito!

You have shown me enough for one day, Verbito!

60

to swim

(tú) ¡nada! / ¡no nades!

nadar

nadando

Sub.	Presente	Imperfecto	Pretérito	Futuro	Cond.	Perfecto
Yo	nado	nadaba	nadé	nadaré	nadaría	he nadado
Tú	nadas	nadabas	nadaste	nadarás	nadarías	has nadado
Él Ella Ud.	nada	nadaba	nadó	nadará	nadaría	ha nadado
Nos.	nadamos	nadábamos	nadamos	nadaremos	nadaríamos	hemos nadado
Vos.	nadáis	nadabais	nadasteis	nadaréis	nadaríais	habéis nadado
Ellos Ellas Uds.	nadan	nadaban	nadaron	nadarán	nadarían	han nadado

Los peces **nadan** a mi alrededor.

The fish are swimming all around me.

Nadarás a diario en estas vacaciones.

You will swim daily on this vacation.

oír

to hear

oyendo

Sub.	Presente	Imperfecto	Pretérito	Futuro	Cond.	Perfecto
Yo	oigo	oía	oí	oiré	oiría	he oído
Tú	oyes	oías	oíste	oirás	oirías	has oído
Él Ella Ud.	oye	oía	oyó	oirá	oiría	ha oído
Nos.	oímos	oíamos	oímos	oiremos	oiríamos	hemos oído
Vos.	oís	oíais	oísteis	oiréis	oiríais	habéis oído
Ellos Ellas Uds.	oyen	oían	oyeron	oirán	oirían	han oído

Oímos a esos Beebots casi cada noche de la semana.

We hear those Beebots nearly every night of the week.

Lo **oirías** más fuerte si te pararas allá.

You would hear it even more loudly if you stood over there.

to forget

olvidar

(tú) ¡olvida! / ¡no olvides!

olvidando

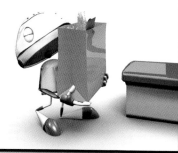

Sub.	Presente	Imperfecto	Pretérito	Futuro	Cond.	Perfecto
Yo	olvido	olvidaba	olvidé	olvidaré	olvidaría	he olvidado
Tú	olvidas	olvidabas	olvidaste	olvidarás	olvidarías	has olvidado
Él Ella Ud.	olvida	olvidaba	olvidó	olvidará	olvidaría	ha olvidado
Nos.	olvidamos	olvidábamos	olvidamos	olvidaremos	olvidaríamos	hemos olvidado
Vos.	olvidáis	olvidabais	olvidasteis	olvidaréis	olvidaríais	habéis olvidado
Ellos Ellas Uds.	olvidan	olvidaban	olvidaron	olvidarán	olvidarían	han olvidado

¿**Olvidas** algo, querido?

Are you forgetting something, dear?

¡**Hemos olvidado** el helado!

We have forgotten the ice cream!

63

ordenar

ordenando

to organize

(tú) ¡ordena! / ¡no ordenes!

Sub.	Presente	Imperfecto	Pretérito	Futuro	Cond.	Perfecto
Yo	ordeno	ordenaba	ordené	ordenaré	ordenaría	he ordenado
Tú	ordenas	ordenabas	ordenaste	ordenarás	ordenarías	has ordenado
Él Ella Ud.	ordena	ordenaba	ordenó	ordenará	ordenaría	ha ordenado
Nos.	ordenamos	ordenábamos	ordenamos	ordenaremos	ordenaríamos	hemos ordenado
Vos.	ordenáis	ordenabais	ordenasteis	ordenaréis	ordenaríais	habéis ordenado
Ellos Ellas Uds.	ordenan	ordenaban	ordenaron	ordenarán	ordenarían	han ordenado

Ordenamos nuestros archivos cuidadosamente.

We organize our files carefully.

Ordené todo por fecha y número.

I organized everything by date and number.

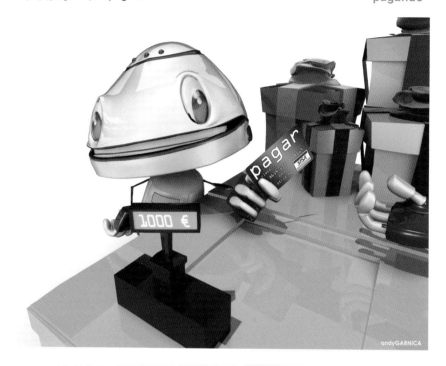

Sub.	Presente	Imperfecto	Pretérito	Futuro	Cond.	Perfecto
Yo	pago	pagaba	pagué	pagaré	pagaría	he pagado
Tú	pagas	pagabas	pagaste	pagarás	pagarías	has pagado
Él Ella Ud.	paga	pagaba	pagó	pagará	pagaría	ha pagado
Nos.	pagamos	pagábamos	pagamos	pagaremos	pagaríamos	hemos pagado
Vos.	pagáis	pagabais	pagasteis	pagaréis	pagaríais	habéis pagado
Ellos Ellas Uds.	pagan	pagaban	pagaron	pagarán	pagarían	han pagado

Pago todo con tarjeta de crédito.

I am paying for everything by credit card.

Pagaron antes de dejar la tienda.

They paid before leaving the store.

parar
parando

to stop

(tú) ¡para! / ¡no pares!

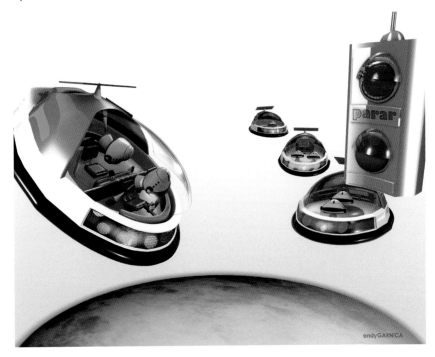

Sub.	Presente	Imperfecto	Pretérito	Futuro	Cond.	Perfecto
Yo	paro	paraba	paré	pararé	pararía	he parado
Tú	paras	parabas	paraste	pararás	pararías	has parado
Él Ella Ud.	para	paraba	paró	parará	pararía	ha parado
Nos.	paramos	parábamos	paramos	pararemos	pararíamos	hemos parado
Vos.	paráis	parabais	parasteis	pararéis	pararíais	habéis parado
Ellos Ellas Uds.	paran	paraban	pararon	pararán	pararían	han parado

Todos **paran** en el último nanosegundo.

Everyone is stopping at the last possible nanosecond.

Creo que **paraste** justo a tiempo.

I think you stopped just in time.

to stroll, go for a walk

pasear

(tú) ¡pasea! / ¡no pasees!

paseando

Sub.	Presente	Imperfecto	Pretérito	Futuro	Cond.	Perfecto
Yo	paseo	paseaba	paseé	pasearé	pasearía	he paseado
Tú	paseas	paseabas	paseaste	pasearás	pasearías	has paseado
Él Ella Ud.	pasea	paseaba	paseó	paseará	pasearía	ha paseado
Nos.	paseamos	paseábamos	paseamos	pasearemos	pasearíamos	hemos paseado
Vos.	paseáis	paseabais	paseasteis	pasearéis	pasearíais	habéis paseado
Ellos Ellas Uds.	pasean	paseaban	pasearon	pasearán	pasearían	han paseado

Paseo durante la noche.

I am strolling in the evening.

Hemos paseado por el mismo camino todas las noches esta semana.

We have strolled along the same stretch every evening this week.

67

patear
pateando

(tú) ¡patea! / ¡no patees!

Sub.	Presente	Imperfecto	Pretérito	Futuro	Cond.	Perfecto
Yo	pateo	pateaba	pateé	patearé	patearía	he pateado
Tú	pateas	pateabas	pateaste	patearás	patearías	has pateado
Él Ella Ud.	patea	pateaba	pateó	pateará	patearía	ha pateado
Nos.	pateamos	pateábamos	pateamos	patearemos	patearíamos	hemos pateado
Vos.	pateáis	pateabais	pateasteis	patearéis	patearíais	habéis pateado
Ellos Ellas Uds.	patean	pateaban	patearon	patearán	patearían	han pateado

Verbito **patea** la pelota con todo su ser.

Verbito kicks the ball with all his might.

Lo **patearía** más lejos pero mi rodilla está débil.

I would kick it farther but my knee is weak.

68

to ask (for)

(tú) ¡pide! / ¡no pidas!

pedir

pidiendo

Sub.	Presente	Imperfecto	Pretérito	Futuro	Cond.	Perfecto
Yo	pido	pedía	pedí	pediré	pediría	he pedido
Tú	pides	pedías	pediste	pedirás	pedirías	has pedido
Él Ella Ud.	pide	pedía	pidió	pedirá	pediría	ha pedido
Nos.	pedimos	pedíamos	pedimos	pediremos	pediríamos	hemos pedido
Vos.	pedís	pedíais	pedisteis	pediréis	pediríais	habéis pedido
Ellos Ellas Uds.	piden	pedían	pidieron	pedirán	pedirían	han pedido

Los clientes piden las cosas amablemente.

The clients ask for things nicely.

Tengo exactamente lo que me pediste.

I have exactly what you asked for.

69

peinarse

peinándose

to comb one's hair

(tú) ¡péinate! / ¡no te peines!

Sub.	Presente	Imperfecto	Pretérito	Futuro	Cond.	Perfecto
Yo	me peino	me peinaba	me peiné	me peinaré	me peinaría	me he peinado
Tú	te peinas	te peinabas	te peinaste	te peinarás	te peinarías	te has peinado
Él Ella Ud.	se peina	se peinaba	se peinó	se peinará	se peinaría	se ha peinado
Nos.	nos peinamos	nos peinábamos	nos peinamos	nos peinaremos	nos peinaríamos	nos hemos peinado
Vos.	os peináis	os peinabais	os peinasteis	os peinaréis	os peinaríais	os habéis peinado
Ellos Ellas Uds.	se peinan	se peinaban	se peinaron	se peinarán	se peinarían	se han peinado

Peino tu cabello para la fiesta.

I am combing your hair for the party.

Veo que no **te has peinado** tu cabello últimamente.

I see you have not combed your hair lately.

70

to fight

(tú) ¡pelea! / ¡no pelees!

pelear

peleando

andyGARNICA

Sub.	Presente	Imperfecto	Pretérito	Futuro	Cond.	Perfecto
Yo	peleo	peleaba	peleé	pelearé	pelearía	he peleado
Tú	peleas	peleabas	peleaste	pelearás	pelearías	has peleado
Él Ella Ud.	pelea	peleaba	peleó	peleará	pelearía	ha peleado
Nos.	peleamos	peleábamos	peleamos	pelearemos	pelearíamos	hemos peleado
Vos.	peleáis	peleabais	peleasteis	pelearéis	pelearíais	habéis peleado
Ellos Ellas Uds.	pelean	peleaban	pelearon	pelearán	pelearían	han peleado

¡Tranquilo! ¡No **peleamos** de verdad!

Easy! We are not fighting for real!

Pelearé con la espada verde la próxima vez.

I will fight with the green sword next time.

71

pensar
pensando

(tú) ¡piensa! / ¡no pienses!

andyGARNICA

Sub.	Presente	Imperfecto	Pretérito	Futuro	Cond.	Perfecto
Yo	pienso	pensaba	pensé	pensaré	pensaría	he pensado
Tú	piensas	pensabas	pensaste	pensarás	pensarías	has pensado
Él Ella Ud.	piensa	pensaba	pensó	pensará	pensaría	ha pensado
Nos.	pensamos	pensábamos	pensamos	pensaremos	pensaríamos	hemos pensado
Vos.	pensáis	pensabais	pensasteis	pensaréis	pensaríais	habéis pensado
Ellos Ellas Uds.	piensan	pensaban	pensaron	pensarán	pensarían	han pensado

Él piensa que cabe aquí.

He thinks it fits right here.

Lo pensaste largo y tendido.

You thought about it long and hard.

72

perder

(tú) ¡pierde! / ¡no pierdas!

perdiendo

andyGARNICA

Sub.	Presente	Imperfecto	Pretérito	Futuro	Cond.	Perfecto
Yo	pierdo	perdía	perdí	perderé	perdería	he perdido
Tú	pierdes	perdías	perdiste	perderás	perderías	has perdido
Él Ella Ud.	pierde	perdía	perdió	perderá	perdería	ha perdido
Nos.	perdemos	perdíamos	perdimos	perderemos	perderíamos	hemos perdido
Vos.	perdéis	perdíais	perdisteis	perderéis	perderíais	habéis perdido
Ellos Ellas Uds.	pierden	perdían	perdieron	perderán	perderían	han perdido

Es muy triste cuando **pierdes** a tu mascota.

It is really sad when you lose your pet.

Nunca **perderemos** la esperanza de encontrarlo.

We will never lose hope of finding him.

73

pintar
pintando

to paint

(tú) ¡pinta! / ¡no pintes!

Sub.	Presente	Imperfecto	Pretérito	Futuro	Cond.	Perfecto
Yo	pinto	pintaba	pinté	pintaré	pintaría	he pintado
Tú	pintas	pintabas	pintaste	pintarás	pintarías	has pintado
Él Ella Ud.	pinta	pintaba	pintó	pintará	pintaría	ha pintado
Nos.	pintamos	pintábamos	pintamos	pintaremos	pintaríamos	hemos pintado
Vos.	pintáis	pintabais	pintasteis	pintaréis	pintaríais	habéis pintado
Ellos Ellas Uds.	pintan	pintaban	pintaron	pintarán	pintarían	han pintado

Verbito se ensucia cuando pinta.

Verbito gets messy when he paints.

Has pintado una obra maestra.

You have painted a masterpiece.

74

andyGARNICA

Sub.	Presente	Imperfecto	Pretérito	Futuro	Cond.	Perfecto
Yo	puedo	podía	pude	podré	podría	he podido
Tú	puedes	podías	pudiste	podrás	podrías	has podido
Él Ella Ud.	puede	podía	pudo	podrá	podría	ha podido
Nos.	podemos	podíamos	pudimos	podremos	podríamos	hemos podido
Vos.	podéis	podíais	pudisteis	podréis	podríais	habéis podido
Ellos Ellas Uds.	pueden	podían	pudieron	podrán	podrían	han podido

Cyberdog, ¿ **puedes** salir de la caja?

Cyberdog, are you able to come out of
the box?

Nosotros **pudimos** comprendernos.

We were able to understand each other.

poner

poniendo

(tú) ¡pon! / ¡no pongas!

andyGARNICA

Sub.	Presente	Imperfecto	Pretérito	Futuro	Cond.	Perfecto
Yo	pongo	ponía	puse	pondré	pondría	he puesto
Tú	pones	ponías	pusiste	pondrás	pondrías	has puesto
Él Ella Ud.	pone	ponía	puso	pondrá	pondría	ha puesto
Nos.	ponemos	poníamos	pusimos	pondremos	pondríamos	hemos puesto
Vos.	ponéis	poníais	pusisteis	pondréis	pondríais	habéis puesto
Ellos Ellas Uds.	ponen	ponían	pusieron	pondrán	pondrían	han puesto

Pongo una moneda aquí todos los días.

I put a coin here everyday.

Puse una pequeña fortuna en el frasco.

I put a small fortune in this jar.

76

to forbid, prohibit

(tú) ¡prohíbe! / ¡no prohíbas!

prohibir

prohibiendo

Sub.	Presente	Imperfecto	Pretérito	Futuro	Cond.	Perfecto
Yo	prohíbo	prohibía	prohibí	prohibiré	prohibiría	he prohibido
Tú	prohíbes	prohibías	prohibiste	prohibirás	prohibirías	has prohibido
Él Ella Ud.	prohíbe	prohibía	prohibió	prohibirá	prohibiría	ha prohibido
Nos.	prohibimos	prohibíamos	prohibimos	prohibiremos	prohibiríamos	hemos prohibido
Vos.	prohibís	prohibíais	prohibisteis	prohibiréis	prohibiríais	habéis prohibido
Ellos Ellas Uds.	prohíben	prohibían	prohibieron	prohibirán	prohibirían	han prohibido

El cartel nos prohíbe entrar.

The sign forbids us from entering.

Te hemos prohibido saltar.

We have forbidden you from jumping.

77

pulir
puliendo

to polish

(tú) ¡pule! / ¡no pulas!

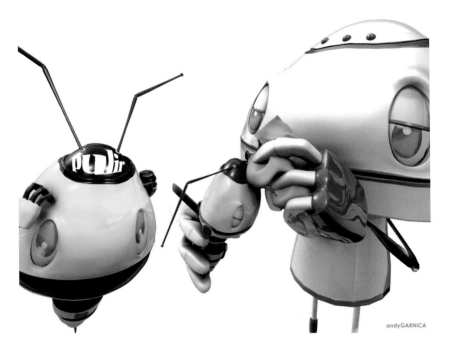

andyGARNICA

Sub.	Presente	Imperfecto	Pretérito	Futuro	Cond.	Perfecto
Yo	pulo	pulía	pulí	puliré	puliría	he pulido
Tú	pules	pulías	puliste	pulirás	pulirías	has pulido
Él Ella Ud.	pule	pulía	pulió	pulirá	puliría	ha pulido
Nos.	pulimos	pulíamos	pulimos	puliremos	puliríamos	hemos pulido
Vos.	pulís	pulíais	pulisteis	puliréis	puliríais	habéis pulido
Ellos Ellas Uds.	pulen	pulían	pulieron	pulirán	pulirían	han pulido

Pulimos sus cabezas para hacerlas brillantes.

We polish their heads to make them shiny.

Pulirás a un par de Beebots antes de que se vayan.

You will polish a couple of Beebots before they set off.

78

to want

(tú) ¡quiere! / ¡no quieras!

querer

queriendo

andyGARNICA

Sub.	Presente	Imperfecto	Pretérito	Futuro	Cond.	Perfecto
Yo	quiero	quería	quise	querré	querría	he querido
Tú	quieres	querías	quisiste	querrás	querrías	has querido
Él Ella Ud.	quiere	quería	quiso	querrá	querría	ha querido
Nos.	queremos	queríamos	quisimos	querremos	querríamos	hemos querido
Vos.	queréis	queríais	quisisteis	querréis	querríais	habéis querido
Ellos Ellas Uds.	quieren	querían	quisieron	querrán	querrían	han querido

Él **quiere** todo lo que ve.

He wants everything he sees.

¡**He querido** un Cyberdog toda mi vida!

I have wanted a Cyberdog all my life!

79

recibir
recibiendo

Sub.	Presente	Imperfecto	Pretérito	Futuro	Cond.	Perfecto
Yo	recibo	recibía	recibí	recibiré	recibiría	he recibido
Tú	recibes	recibías	recibiste	recibirás	recibirías	has recibido
Él Ella Ud.	recibe	recibía	recibió	recibirá	recibiría	ha recibido
Nos.	recibimos	recibíamos	recibimos	recibiremos	recibiríamos	hemos recibido
Vos.	recibís	recibíais	recibisteis	recibiréis	recibiríais	habéis recibido
Ellos Ellas Uds.	reciben	recibían	recibieron	recibirán	recibirían	han recibido

Recibimos regalos en ocasiones especiales.

We receive gifts on special occasions.

Verbita **recibió** una gran sorpresa hoy.

Verbita received a big surprise today.

to remember

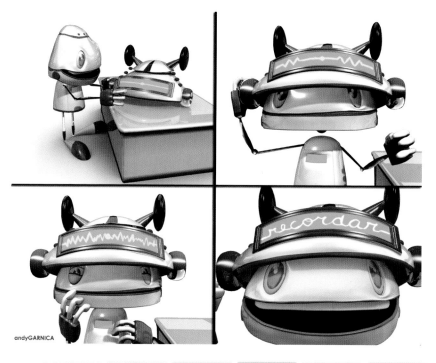

recordar

andyGARNICA

Sub.	Presente	Imperfecto	Pretérito	Futuro	Cond.	Perfecto
Yo	recuerdo	recordaba	recordé	recordaré	recordaría	he recordado
Tú	recuerdas	recordabas	recordaste	recordarás	recordarías	has recordado
Él Ella Ud.	recuerda	recordaba	recordó	recordará	recordaría	ha recordado
Nos.	recordamos	recordábamos	recordamos	recordaremos	recordaríamos	hemos recordado
Vos.	recordáis	recordabais	recordasteis	recordaréis	recordaríais	habéis recordado
Ellos Ellas Uds.	recuerdan	recordaban	recordaron	recordarán	recordarían	han recordado

Recuerdo el día que recibí este regalo de Verbita.

I remember the day I received this gift from Verbita.

De hoy en adelante, recordará cada detalle.

From now on, he will remember every detail.

81

reparar
reparando

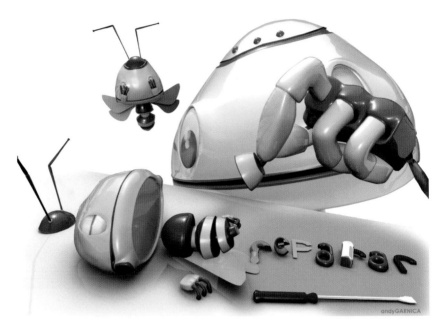

Sub.	Presente	Imperfecto	Pretérito	Futuro	Cond.	Perfecto
Yo	reparo	reparaba	reparé	repararé	repararía	he reparado
Tú	reparas	reparabas	reparaste	repararás	repararías	has reparado
Él Ella Ud.	repara	reparaba	reparó	reparará	repararía	ha reparado
Nos.	reparamos	reparábamos	reparamos	repararemos	repararíamos	hemos reparado
Vos.	reparáis	reparabais	reparasteis	repararéis	repararíais	habéis reparado
Ellos Ellas Uds.	reparan	reparaban	repararon	repararán	repararían	han reparado

Reparan a Beebots en este taller.

They repair Beebots in this workshop.

Repararíamos más si tuviéramos más personal.

We would repair more if we had the staff.

to know   saber

(tú) ¡sabe! / ¡no sepas!   sabiendo

Sub.	Presente	Imperfecto	Pretérito	Futuro	Cond.	Perfecto
Yo	sé	sabía	supe	sabré	sabría	he sabido
Tú	sabes	sabías	supiste	sabrás	sabrías	has sabido
Él Ella Ud.	sabe	sabía	supo	sabrá	sabría	ha sabido
Nos.	sabemos	sabíamos	supimos	sabremos	sabríamos	hemos sabido
Vos.	sabéis	sabíais	supisteis	sabréis	sabríais	habéis sabido
Ellos Ellas Uds.	saben	sabían	supieron	sabrán	sabrían	han sabido

Ambos **saben** las reglas del juego.

You both know the rules of the game.

Sabremos quién es el ganador muy pronto.

We will know who the winner is very soon.

salir

saliendo

to go out

(tú) ¡sal! / ¡no salgas!

andyGARNICA

Sub.	Presente	Imperfecto	Pretérito	Futuro	Cond.	Perfecto
Yo	salgo	salía	salí	saldré	saldría	he salido
Tú	sales	salías	saliste	saldrás	saldrías	has salido
Él Ella Ud.	sale	salía	salió	saldrá	saldría	ha salido
Nos.	salimos	salíamos	salimos	saldremos	saldríamos	hemos salido
Vos.	salís	salíais	salisteis	saldréis	saldríais	habéis salido
Ellos Ellas Uds.	salen	salían	salieron	saldrán	saldrían	han salido

Salgo a través de un agujero en el techo.

I am going out through a hole in the ceiling.

Él **salió** tan pronto como pudo.

He went out as soon as he could.

84

to jump

(tú) ¡salta! / ¡no saltes!

saltar

saltando

andyGARNICA

Sub.	Presente	Imperfecto	Pretérito	Futuro	Cond.	Perfecto
Yo	salto	saltaba	salté	saltaré	saltaría	he saltado
Tú	saltas	saltabas	saltaste	saltarás	saltarías	has saltado
Él Ella Ud.	salta	saltaba	saltó	saltará	saltaría	ha saltado
Nos.	saltamos	saltábamos	saltamos	saltaremos	saltaríamos	hemos saltado
Vos.	saltáis	saltabais	saltasteis	saltaréis	saltaríais	habéis saltado
Ellos Ellas Uds.	saltan	saltaban	saltaron	saltarán	saltarían	han saltado

¡Ellos **saltan** y se divierten!

They are jumping and having fun!

Verbita **saltaba** cada vez más alto.

Verbita was jumping higher each time.

andyGARNICA

Sub.	Presente	Imperfecto	Pretérito	Futuro	Cond.	Perfecto
Yo	saludo	saludaba	saludé	saludaré	saludaría	he saludado
Tú	saludas	saludabas	saludaste	saludarás	saludarías	has saludado
Él Ella Ud.	saluda	saludaba	saludó	saludará	saludaría	ha saludado
Nos.	saludamos	saludábamos	saludamos	saludaremos	saludaríamos	hemos saludado
Vos.	saludáis	saludabais	saludasteis	saludaréis	saludaríais	habéis saludado
Ellos Ellas Uds.	saludan	saludaban	saludaron	saludarán	saludarían	han saludado

Saluda a la multitud de sus cariñosas admiradoras.

He waves at the gathering of his adoring fans.

He saludado tanto hoy que me duelen los brazos.

I have waved so much today my arms ache.

to follow

(tú) ¡sigue! / ¡no sigas!

seguir

siguiendo

Sub.	Presente	Imperfecto	Pretérito	Futuro	Cond.	Perfecto
Yo	sigo	seguía	seguí	seguiré	seguiría	he seguido
Tú	sigues	seguías	seguiste	seguirás	seguirías	has seguido
Él Ella Ud.	sigue	seguía	siguió	seguirá	seguiría	ha seguido
Nos.	seguimos	seguíamos	seguimos	seguiremos	seguiríamos	hemos seguido
Vos.	seguís	seguíais	seguisteis	seguiréis	seguiríais	habéis seguido
Ellos Ellas Uds.	siguen	seguían	siguieron	seguirán	seguirían	han seguido

Sigo las galletas hasta cierto punto.

I follow the cookies only up to a point.

Siguió el aroma por media milla.

He followed the scent for half a mile.

87

sentarse
sentándose

to sit down
(tú) ¡siéntate! / ¡no te sientes!

Sub.	Presente	Imperfecto	Pretérito	Futuro	Cond.	Perfecto
Yo	me siento	me sentaba	me senté	me sentaré	me sentaría	me he sentado
Tú	te sientas	te sentabas	te sentaste	te sentarás	te sentarías	te has sentado
Él Ella Ud.	se sienta	se sentaba	se sentó	se sentará	se sentaría	se ha sentado
Nos.	nos sentamos	nos sentábamos	nos sentamos	nos sentaremos	nos sentaríamos	nos hemos sentado
Vos.	os sentáis	os sentabais	os sentasteis	os sentaréis	os sentaríais	os habéis sentado
Ellos Ellas Uds.	se sientan	se sentaban	se sentaron	se sentarán	se sentarían	se han sentado

Se sienta en su silla alta.

He is sitting down on his high chair.

Nos sentaríamos pero sólo hay una silla.

We would sit down but there's only one chair.

to separate

separar

separando

Sub.	Presente	Imperfecto	Pretérito	Futuro	Cond.	Perfecto
Yo	separo	separaba	separé	separaré	separaría	he separado
Tú	separas	separabas	separaste	separarás	separarías	has separado
Él Ella Ud.	separa	separaba	separó	separará	separaría	ha separado
Nos.	separamos	separábamos	separamos	separaremos	separaríamos	hemos separado
Vos.	separáis	separabais	separasteis	separaréis	separaríais	habéis separado
Ellos Ellas Uds.	separan	separaban	separaron	separarán	separarían	han separado

Este artefacto separa el amarillo del azul.

This device separates the yellow from the blue.

Hemos separado los colores exitosamente.

We have separated the colo(u)rs successfully.

ser

siendo

(tú) ¡sé! / ¡no seas!

ser...

Sub.	Presente	Imperfecto	Pretérito	Futuro	Cond.	Perfecto
Yo	soy	era	fui	seré	sería	he sido
Tú	eres	eras	fuiste	serás	serías	has sido
Él Ella Ud.	es	era	fue	será	sería	ha sido
Nos.	somos	éramos	fuimos	seremos	seríamos	hemos sido
Vos.	sois	erais	fuisteis	seréis	seríais	habéis sido
Ellos Ellas Uds.	son	eran	fueron	serán	serían	han sido

Soy un excelente actor teatral.

I am an excellent stage actor.

¿**Fuiste** Hamlet en la obra, o el cráneo?

Were you Hamlet in the play or were you the skull?

to dream

soñar

(tú) ¡sueña! / ¡no sueñes!

soñando

andyGARNICA

Sub.	Presente	Imperfecto	Pretérito	Futuro	Cond.	Perfecto
Yo	sueño	soñaba	soñé	soñaré	soñaría	he soñado
Tú	sueñas	soñabas	soñaste	soñarás	soñarías	has soñado
Él Ella Ud.	sueña	soñaba	soñó	soñará	soñaría	ha soñado
Nos.	soñamos	soñábamos	soñamos	soñaremos	soñaríamos	hemos soñado
Vos.	soñáis	soñabais	soñasteis	soñaréis	soñaríais	habéis soñado
Ellos Ellas Uds.	sueñan	soñaban	soñaron	soñarán	soñarían	han soñado

Sueño con flores hermosas.

I dream about beautiful flowers.

Él **soñó** que flotaba en el cielo.

He dreamed he was floating in the sky.

tener
to have

teniendo
(tú) ¡ten! / ¡no tengas!

Sub.	Presente	Imperfecto	Pretérito	Futuro	Cond.	Perfecto
Yo	tengo	tenía	tuve	tendré	tendría	he tenido
Tú	tienes	tenías	tuviste	tendrás	tendrías	has tenido
Él Ella Ud.	tiene	tenía	tuvo	tendrá	tendría	ha tenido
Nos.	tenemos	teníamos	tuvimos	tendremos	tendríamos	hemos tenido
Vos.	tenéis	teníais	tuvisteis	tendréis	tendríais	habéis tenido
Ellos Ellas Uds.	tienen	tenían	tuvieron	tendrán	tendrían	han tenido

Tengo dolor de estómago.

I have a stomachache.

Ella **ha tenido** un fuerte dolor de estómago.

She has had a ferocious stomachache.

traer

(tú) ¡trae! / ¡no traigas!

trayendo

andyGARNICA

Sub.	Presente	Imperfecto	Pretérito	Futuro	Cond.	Perfecto
Yo	traigo	traía	traje	traeré	traería	he traído
Tú	traes	traías	trajiste	traerás	traerías	has traído
Él Ella Ud.	trae	traía	trajo	traerá	traería	ha traído
Nos.	traemos	traíamos	trajimos	traeremos	traeríamos	hemos traído
Vos.	traéis	traíais	trajisteis	traeréis	traeríais	habéis traído
Ellos Ellas Uds.	traen	traían	trajeron	traerán	traerían	han traído

Le arrojo cosas y él me las **trae**.

I throw things and he brings them back.

Tú me **traías** huesos la otra semana.

You were bringing back bones to me last week.

93

tropezar
tropezando

(tú) ¡tropieza! / ¡no tropieces!

andyGARNICA

Sub.	Presente	Imperfecto	Pretérito	Futuro	Cond.	Perfecto
Yo	tropiezo	tropezaba	tropecé	tropezaré	tropezaría	he tropezado
Tú	tropiezas	tropezabas	tropezaste	tropezarás	tropezarías	has tropezado
Él Ella Ud.	tropieza	tropezaba	tropezó	tropezará	tropezaría	ha tropezado
Nos.	tropezamos	tropezábamos	tropezamos	tropezaremos	tropezaríamos	hemos tropezado
Vos.	tropezáis	tropezabais	tropezasteis	tropezaréis	tropezaríais	habéis tropezado
Ellos Ellas Uds.	tropiezan	tropezaban	tropezaron	tropezarán	tropezarían	han tropezado

Siempre **tropiezo** con el mismo cable.

I trip over the same wire every time.

Tropezarás si no te fijas.

You will trip if you don't watch out.

to come   venir

(tú) ¡ven! / ¡no vengas!   viniendo

Sub.	Presente	Imperfecto	Pretérito	Futuro	Cond.	Perfecto
Yo	vengo	venía	vine	vendré	vendría	he venido
Tú	vienes	venías	viniste	vendrás	vendrías	has venido
Él Ella Ud.	viene	venía	vino	vendrá	vendría	ha venido
Nos.	venimos	veníamos	vinimos	vendremos	vendríamos	hemos venido
Vos.	venís	veníais	vinisteis	vendréis	vendríais	habéis venido
Ellos Ellas Uds.	vienen	venían	vinieron	vendrán	vendrían	han venido

Cyberdog viene rápido si lo llamas.

Cyberdog comes quickly if you call him.

Ellos vinieron de otro planeta.

They came from another planet.

95

ver
to see

viendo

(tú) ¡ve! / ¡no veas!

andyGARNICA

Sub.	Presente	Imperfecto	Pretérito	Futuro	Cond.	Perfecto
Yo	veo	veía	vi	veré	vería	he visto
Tú	ves	veías	viste	verás	verías	has visto
Él Ella Ud.	ve	veía	vio	verá	vería	ha visto
Nos.	vemos	veíamos	vimos	veremos	veríamos	hemos visto
Vos.	veis	veíais	visteis	veréis	veríais	habéis visto
Ellos Ellas Uds.	ven	veían	vieron	verán	verían	han visto

Veo cosas extrañas frente a mí a través de mis binoculares.

I see strange things ahead of me through my binoculars.

Tú lo viste con tus propios ojos.

You saw it with your own two eyes.

96

to get dressed, dress up

vestirse

(tú) ¡vístete! / ¡no te vistas!

vistiéndose

andyGARNICA

Sub.	Presente	Imperfecto	Pretérito	Futuro	Cond.	Perfecto
Yo	me visto	me vestía	me vestí	me vestiré	me vestiría	me he vestido
Tú	te vistes	te vestías	te vestiste	te vestirás	te vestirías	te has vestido
Él Ella Ud.	se viste	se vestía	se vistió	se vestirá	se vestiría	se ha vestido
Nos.	nos vestimos	nos vestíamos	nos vestimos	nos vestiremos	nos vestiríamos	nos hemos vestido
Vos.	os vestís	os vestíais	os vestisteis	os vestiréis	os vestiríais	os habéis vestido
Ellos Ellas Uds.	se visten	se vestían	se vistieron	se vestirán	se vestirían	se han vestido

Te vistes tu ropa de domingo.

You are getting dressed in your Sunday best.

Nos vestiremos cuando lleguen los invitados.

We will get dressed when the guests arrive.

97

viajar

to travel

viajando

(tú) ¡viaja! / ¡no viajes!

Sub.	Presente	Imperfecto	Pretérito	Futuro	Cond.	Perfecto
Yo	viajo	viajaba	viajé	viajaré	viajaría	he viajado
Tú	viajas	viajabas	viajaste	viajarás	viajarías	has viajado
Él Ella Ud.	viaja	viajaba	viajó	viajará	viajaría	ha viajado
Nos.	viajamos	viajábamos	viajamos	viajaremos	viajaríamos	hemos viajado
Vos.	viajáis	viajabais	viajasteis	viajaréis	viajaríais	habéis viajado
Ellos Ellas Uds.	viajan	viajaban	viajaron	viajarán	viajarían	han viajado

Verbito viaja de planeta en planeta.

Verbito travels from planet to planet.

Hoy viajarás a un nuevo planeta.

You will travel to a new planet today.

to watch

vigilar
vigilando

andyGARNICA

Sub.	Presente	Imperfecto	Pretérito	Futuro	Cond.	Perfecto
Yo	vigilo	vigilaba	vigilé	vigilaré	vigilaría	he vigilado
Tú	vigilas	vigilabas	vigilaste	vigilarás	vigilarías	has vigilado
Él Ella Ud.	vigila	vigilaba	vigiló	vigilará	vigilaría	ha vigilado
Nos.	vigilamos	vigilábamos	vigilamos	vigilaremos	vigilaríamos	hemos vigilado
Vos.	vigiláis	vigilabais	vigilasteis	vigilaréis	vigilaríais	habéis vigilado
Ellos Ellas Uds.	vigilan	vigilaban	vigilaron	vigilarán	vigilarían	han vigilado

Vigilamos todas las puertas y salidas de esta habitación.

We watch all doors and exits from this room.

Has vigilado las pantallas durante tu turno.

You have watched these screens throughout your shift.

vivir

viviendo

                                               to live

(tú) ¡vive! / ¡no vivas!

Sub.	Presente	Imperfecto	Pretérito	Futuro	Cond.	Perfecto
Yo	vivo	vivía	viví	viviré	viviría	he vivido
Tú	vives	vivías	viviste	vivirás	vivirías	has vivido
Él Ella Ud.	vive	vivía	vivió	vivirá	viviría	ha vivido
Nos.	vivimos	vivíamos	vivimos	viviremos	viviríamos	hemos vivido
Vos.	vivís	vivíais	vivisteis	viviréis	viviríais	habéis vivido
Ellos Ellas Uds.	viven	vivían	vivieron	vivirán	vivirían	han vivido

Vivimos en un lugar que está lleno de áreas verdes.

We live in a place that's full of green areas.

Han vivido aquí toda su vida.

They have lived here all their lives.

                             100

(tú) ¡vuelve! / ¡no vuelvas!

Sub.	Presente	Imperfecto	Pretérito	Futuro	Cond.	Perfecto
Yo	vuelvo	volvía	volví	volveré	volvería	he vuelto
Tú	vuelves	volvías	volviste	volverás	volverías	has vuelto
Él Ella Ud.	vuelve	volvía	volvió	volverá	volvería	ha vuelto
Nos.	volvemos	volvíamos	volvimos	volveremos	volveríamos	hemos vuelto
Vos.	volvéis	volvíais	volvisteis	volveréis	volveríais	habéis vuelto
Ellos Ellas Uds.	vuelven	volvían	volvieron	volverán	volverían	han vuelto

Vuelvo a casa para encontrar una fiesta sorpresa.

I am returning home to a surprise party.

No **volviste** más temprano porque tu nave se retrasó.

You did not return earlier because your spaceship was delayed.

101

Spanish Verb Index

The 101 verbs in **blue** are model conjugations. An additional 150 common Spanish verbs are also included, cross-referenced to a model verb that follows the same pattern.

English Verb Index

This index allows you look up Spanish verbs by their English meaning. Each English verb is matched to a Spanish equivalent; a Spanish verb in blue is one of the 101 model conjugations, while verbs in black follow the pattern of the verb on the cross-referenced page.

like gustar 48
listen escuchar 49
live vivir 100
look after cuidar 49
look at mirar 49
look for buscar 11
lose perder 73
love amar 3
lower rebajar 49

maintain mantener 92
make hacer 50
manage manejar 49
mean significar 11;
  suponer 76
miss faltar 48

need necesitar 49
notice observar 49

obtain obtener 92
open abrir 1
order mandar 49
organize ordenar 64

paint pintar 74
pay pagar 65
pay attention fijarse 70
phone telefonear 49
play jugar 52; play (instrument)
  tocar 11
polish pulir 78
prepare preparar 49
prohibit prohibir 77
prove probar 38
provide aportar 49
push empujar 49
put poner 76
put (in) meter 9
put on makeup maquillarse 70

quit dejar 31

rain llover 58
read leer 53
receive recibir 80
record grabar 46
remember recordar 81
remove apartar 49;
  quitar 49
rent alquilar 49
repair reparar 82
return volver 101
revolve tornear 49
ride montar 49
run correr 25

scream gritar 47
search buscar 11
see ver 96
sell vender 9
send mandar 49
separate separar 89
shake agitar 49
share compartir 30;
  repartir 30
shave afeitarse 70
shoot (film) grabar 46
show mostrar 60;
  demostrar 38
shower ducharse 35
sign firmar 49
sing cantar 15
sit down sentarse 88
skate patinar 49
sleep dormir 34
spend gastar 49
spend time pasar 49
start empezar 36
stay quedarse 70
steal robar 49

stop parar   66
store almacenar   49
stroll pasear   67
study estudiar   43
suffer sufrir   30
surprise sorprender   9
suspect sospechar   49
sweep barrer   9
swim nadar   61

take llevar   57
take a shower ducharse   35
take advantage of aprovechar   49
take care of guardar   49
talk hablar   49
teach enseñar   49
tell anunciar   49
tell a lie mentir   59
think pensar   72
throw arrojar   49; echar   49; tirar   49
throw out botar   49
touch tocar   11
transform transformar   49
travel viajar   98
treat tratar   49
trip tropezar   94

try probar   38; procurar   49
turn girar   45

understand comprender   9
undertake emprender   9
use usar   49; emplear   49

value valorar   49
visit visitar   49

wait (for) esperar   41
wake (someone) up despertar   32
walk andar   4; caminar   49
want querer   79; desear   49
warn avisar   49
wash lavar   49
waste gastar   49
watch vigilar   99
wave saludar   86
win ganar   44
wipe secar   11
withdraw retirar   49
withstand soportar   49
work trabajar   49; funcionar   49
worry apurarse   70
write escribir   40

English Meanings of Spanish Tenses

infinitive: to play

present participle: playing

Sub.	Presente	Imperfecto	Pretérito
I	play – am playing	was playing – used to play	played
you (informal, sing.)	play – are playing	were playing – used to play	played
he, she, it, you (formal, sing.)	plays – is playing	was (were) playing – used to play	played
we	play – are playing	were playing – used to play	played
you (informal, plur., Spain)	play – are playing	were playing – used to play	played
they (m/f), you (plur.)	play – are playing	were playing – used to play	played

infinitive: to play

command: (singular informal) play! / don't play!

Sub.	Futuro	Condicional	Perfecto
I	will play	would play	played – have played
you (informal, sing.)	will play	would play	played – have played
he, she, it, you (formal, sing.)	will play	would play	played – has (have) played
we	will play	would play	played – have played
you (informal, plur., Spain)	will play	would play	played – have played
they (m/f), you (plur.)	will play	would play	played – have played

Verbots now for the **Activ**Classroom!

In conjunction with Tsunami systems, Promethean has now adapted the Verbots educational software so that it runs on any Interactive Whiteboard. Verbots also offers fantastic options for the ActivExpression and ActiVote Learner Response Systems, allowing each learner to vote in class.

For bonus resources, and to see a video demonstration of the software, please visit:

www.PrometheanWorld.com/learnverbs

andyGARNICA © Tsunami Systems

The ActivClassroom is an all-in-one interactive, collaborative, multimedia experience designed to capture the imagination of any type of learner— from the auditory to the visual to the kinesthetic and everywhere between.

PROMETHEAN
LIGHTING THE FLAME OF LEARNING

TSUNAMI SYSTEMS

verbots**learn**.com